全国普法学习读本
★ ★ ★ ★ ★

U0460930

兽医兽药法律法规学习读本

兽医综合法律法规

■ 曾 朝 主编

加大全民普法力度，建设社会主义法治文化，树立宪法法律至上、法律面前人人平等的法治理念。

——中国共产党第十九次全国代表大会《决胜全面建成小康社会 夺取新时代中国特色社会主义伟大胜利》

汕头大学出版社

图书在版编目（CIP）数据

兽医综合法律法规／曾朝主编．-- 汕头：汕头大
学出版社（2021.7重印）

（兽医兽药法律法规学习读本）

ISBN 978-7-5658-3525-4

Ⅰ．①兽… Ⅱ．①曾… Ⅲ．①兽医学-医药卫生管理
-法规-中国-学习参考资料 Ⅳ．①D922.44

中国版本图书馆 CIP 数据核字（2018）第 037546 号

兽医综合法律法规　　　　　　SHOUYI ZONGHE FALÜ FAGUI

主　　编：曾　朝

责任编辑：邹　峰

责任技编：黄东生

封面设计：大华文苑

出版发行：汕头大学出版社

　　　　　广东省汕头市大学路 243 号汕头大学校园内　邮政编码：515063

电　　话：0754-82904613

印　　刷：三河市南阳印刷有限公司

开　　本：690mm×960mm 1/16

印　　张：18

字　　数：226 千字

版　　次：2018 年 5 月第 1 版

印　　次：2021 年 7 月第 2 次印刷

定　　价：59.60 元（全 2 册）

ISBN 978-7-5658-3525-4

前　言

习近平总书记指出："推进全民守法，必须着力增强全民法治观念。要坚持把全民普法和守法作为依法治国的长期基础性工作，采取有力措施加强法制宣传教育。要坚持法治教育从娃娃抓起，把法治教育纳入国民教育体系和精神文明创建内容，由易到难、循序渐进不断增强青少年的规则意识。要健全公民和组织守法信用记录，完善守法诚信褒奖机制和违法失信行为惩戒机制，形成守法光荣、违法可耻的社会氛围，使遵法守法成为全体人民共同追求和自觉行动。"

中共中央、国务院曾经转发了中央宣传部、司法部关于在公民中开展法治宣传教育的规划，并发出通知，要求各地区各部门结合实际认真贯彻执行。通知指出，全民普法和守法是依法治国的长期基础性工作。深入开展法治宣传教育，是全面建成小康社会和新农村的重要保障。

普法规划指出：各地区各部门要根据实际需要，从不同群体的特点出发，因地制宜开展有特色的法治宣传教育坚持集中法治宣传教育与经常性法治宣传教育相结合，深化法律进机关、进乡村、进社区、进学校、进企业、进单位的"法律六进"主题活动，完善工作标准，建立长效机制。

特别是农业、农村和农民问题，始终是关系党和人民事业发展的全局性和根本性问题。党中央、国务院发布的《关于推进社会主义新农村建设的若干意见》中明确提出要"加强农村法制建设，深入开展农村普法教育，增强农民的法制观念，提高农民依法行使权利和履行义务的自觉性。"多年普法实践证明，普及法律知识，提高法制观念，增强全社会依法办事意识具有重要作用。特别是在广大农村进行普法教育，是提高全民法律素质的需要。

多年来，我国在农村实行的改革开放取得了极大成功，农村发生了翻天覆地的变化，广大农民生活水平大大得到了提高。但是，由于历史和社会等原因，现阶段我国一些地区农民文化素质还不高，不学法、不懂法、不守法现象虽然较原来有所改变，但仍有相当一部分群众的法制观念仍很淡化，不懂、不愿借助法律来保护自身权益，这就极易受到不法的侵害，或极易进行违法犯罪活动，严重阻碍了全面建成小康社会和新农村步伐。

为此，根据党和政府的指示精神以及普法规划，特别是根据广大农村农民的现状，在有关部门和专家的指导下，特别编辑了这套《全国普法学习读本》。主要包括了广大人民群众应知应懂、实际实用的法律法规。为了辅导学习，附录还收入了相应法律法规的条例准则、实施细则、解读解答、案例分析等；同时为了突出法律法规的实际实用特点，兼顾地方性和特殊性，附录还收入了部分某些地方性法律法规以及非法律法规的政策文件、管理制度、应用表格等内容，拓展了本书的知识范围，使法律法规更"接地气"，便于读者学习掌握和实际应用。

在众多法律法规中，我们通过甄别，淘汰了废止的，精选了最新的、权威的和全面的。但有部分法律法规有些条款不适应当下情况了，却没有颁布新的，我们又不能擅自改动，只得保留原有条款，但附录却有相应的补充修改意见或通知等。众多法律法规根据不同内容和受众特点，经过归类组合，优化配套。整套普法读本非常全面系统，具有很强的学习性、实用性和指导性，非常适合用于广大农村和城乡普法学习教育与实践指导。总之，是全国全民普法的良好读本。

目　录

执业兽医管理办法

动物诊疗机构管理办法

执业兽医管理办法

中华人民共和国农业部令

2013 年第 3 号

《农业部关于修订〈执业兽医管理办法〉的决定》业经 2013 年 8 月 1 日农业部第 7 次常务会议审议通过，现予公布，自公布之日起施行。

农业部部长

2013 年 9 月 28 日

（2008 年 11 月 26 日农业部令第 18 号公布，2013 年 9 月 28 日农业部令 2013 年第 3 号、2013 年 12 月 31 日农业部令 2013 年第 5 号修订）

第一章 总 则

第一条 为了规范执业兽医执业行为，提高执业兽医业务素质和职业道德水平，保障执业兽医合法权益，保护动物健康和公共卫生安全，根据《中华人民共和国动物防疫法》，制定本办法。

第二条 在中华人民共和国境内从事动物诊疗和动物保健活动的兽医人员适用本办法。

第三条 本办法所称执业兽医，包括执业兽医师和执业助理兽医师。

第四条 农业部主管全国执业兽医管理工作。

县级以上地方人民政府兽医主管部门主管本行政区域内的执业兽医管理工作。

县级以上地方人民政府设立的动物卫生监督机构负责执业兽医的监督执法工作。

第五条 县级以上人民政府兽医主管部门应当对在预防、控制和扑灭动物疫病工作中做出突出贡献的执业兽医，按照国家有关规定给予表彰和奖励。

第六条 执业兽医应当具备良好的职业道德，按照有关动物防疫、动物诊疗和兽药管理等法律、行政法规和技术规范的要求，依法执业。

执业兽医应当定期参加兽医专业知识和相关政策法规教育培训，不断提高业务素质。

第七条 执业兽医依法履行职责，其权益受法律保护。

鼓励成立兽医行业协会，实行行业自律，规范从业行为，提高服务水平。

第二章 资格考试

第八条 国家实行执业兽医资格考试制度。执业兽医资格考试由农业部组织，全国统一大纲、统一命题、统一考试。

第九条 具有兽医、畜牧兽医、中兽医（民族兽医）或者水产养殖专业大学专科以上学历的人员，可以参加执业兽医资格考试。

第十条 执业兽医资格考试内容包括兽医综合知识和临床技能两部分。

第十一条 农业部组织成立全国执业兽医资格考试委员会。考试委员会负责审定考试科目、考试大纲、考试试题，对考试工作进行监督、指导和确定合格标准。

第十二条 农业部执业兽医管理办公室承担考试委员会的日常工作，负责拟订考试科目、编写考试大纲、建立考试题库、组织考试命题，并提出考试合格标准建议等。

第十三条 执业兽医资格考试成绩符合执业兽医师标准的，取得执业兽医师资格证书；符合执业助理兽医师资格标准的，取得执业助理兽医师资格证书。

执业兽医师资格证书和执业助理兽医师资格证书由省、自治区、直辖市人民政府兽医主管部门颁发。

第三章 执业注册和备案

第十四条 取得执业兽医师资格证书，从事动物诊疗活动的，应当向注册机关申请兽医执业注册；取得执业助理兽医师资格证书，从事动物诊疗辅助活动的，应当向注册机关备案。

第十五条 申请兽医执业注册或者备案的，应当向注册机关提交下列材料：

（一）注册申请表或者备案表；

（二）执业兽医资格证书及其复印件；

（三）医疗机构出具的 6 个月内的健康体检证明；

（四）身份证明原件及其复印件；

（五）动物诊疗机构聘用证明及其复印件；申请人是动物诊疗机构法定代表人（负责人）的，提供动物诊疗许可证复印件。

第十六条 注册机关收到执业兽医师注册申请后，应当在 20 个工作日内完成对申请材料的审核。经审核合格的，发给兽医师执业证书；不合格的，书面通知申请人，并说明理由。

注册机关收到执业助理兽医师备案材料后，应当及时对备案材料进行审查，材料齐全、真实的，应当发给助理兽医师执业证书。

第十七条 兽医师执业证书和助理兽医师执业证书应当载明姓名、执业范围、受聘动物诊疗机构名称等事项。

兽医师执业证书和助理兽医师执业证书的格式由农业部规定，由省、自治区、直辖市人民政府兽医主管部门统一印制。

第十八条 有下列情形之一的，不予发放兽医师执业证书或者助理兽医师执业证书：

（一）不具有完全民事行为能力的；

（二）被吊销兽医师执业证书或者助理兽医师执业证书不满 2 年的；

（三）患有国家规定不得从事动物诊疗活动的人畜共患传染病的。

第十九条 执业兽医变更受聘的动物诊疗机构的，应当按照本办法的规定重新办理注册或者备案手续。

第二十条 县级以上地方人民政府兽医主管部门应当将注册和备案的执业兽医名单逐级汇总报农业部。

第四章 执业活动管理

第二十一条 执业兽医不得同时在两个或者两个以上动物诊疗机构执业，但动物诊疗机构间的会诊、支援、应邀出诊、急救除外。

第二十二条 执业兽医师可以从事动物疾病的预防、诊断、治疗和开具处方、填写诊断书、出具有关证明文件等活动。

第二十三条 执业助理兽医师在执业兽医师指导下协助开展兽医执业活动，但不得开具处方、填写诊断书、出具有关证明文件。

第二十四条 兽医、畜牧兽医、中兽医（民族兽医）、水产养殖专业的学生可以在执业兽医师指导下进行专业实习。

第二十五条 经注册和备案专门从事水生动物疫病诊疗的执业兽医师和执业助理兽医师，不得从事其他动物疫病诊疗。

第二十六条 执业兽医在执业活动中应当履行下列义务：

（一）遵守法律、法规、规章和有关管理规定；

（二）按照技术操作规范从事动物诊疗和动物诊疗辅助活动；

（三）遵守职业道德，履行兽医职责；

（四）爱护动物，宣传动物保健知识和动物福利。

第二十七条 执业兽医师应当使用规范的处方笺、病历册，并在处方笺、病历册上签名。未经亲自诊断、治疗，不得开具处方药、填写诊断书、出具有关证明文件。

执业兽医师不得伪造诊断结果，出具虚假证明文件。

第二十八条　执业兽医在动物诊疗活动中发现动物染疫或者疑似染疫的，应当按照国家规定立即向当地兽医主管部门、动物卫生监督机构或者动物疫病预防控制机构报告，并采取隔离等控制措施，防止动物疫情扩散。

执业兽医在动物诊疗活动中发现动物患有或者疑似患有国家规定应当扑杀的疫病时，不得擅自进行治疗。

第二十九条　执业兽医应当按照国家有关规定合理用药，不得使用假劣兽药和农业部规定禁止使用的药品及其他化合物。

执业兽医师发现可能与兽药使用有关的严重不良反应的，应当立即向所在地人民政府兽医主管部门报告。

第三十条　执业兽医应当按照当地人民政府或者兽医主管部门的要求，参加预防、控制和扑灭动物疫病活动，其所在单位不得阻碍、拒绝。

第三十一条　执业兽医应当于每年 3 月底前将上年度兽医执业活动情况向注册机关报告。

第五章　罚　　则

第三十二条　违反本办法规定，执业兽医有下列情形之一的，由动物卫生监督机构按照《中华人民共和国动物防疫法》第八十二条第一款的规定予以处罚；情节严重的，并报原注册机关收回、注销兽医师执业证书或者助理兽医师执业证书：

（一）超出注册机关核定的执业范围从事动物诊疗活动的；

（二）变更受聘的动物诊疗机构未重新办理注册或者备案的。

第三十三条　使用伪造、变造、受让、租用、借用的兽医师执业证书或者助理兽医师执业证书的，动物卫生监督机构应当依法收缴，并按照《中华人民共和国动物防疫法》第八十二条第一款的规定予以处罚。

第三十四条　执业兽医有下列情形之一的，原注册机关应当收回、注销兽医师执业证书或者助理兽医师执业证书：

（一）死亡或者被宣告失踪的；

（二）中止兽医执业活动满2年的；

（三）被吊销兽医师执业证书或者助理兽医师执业证书的；

（四）连续2年没有将兽医执业活动情况向注册机关报告，且拒不改正的；

（五）出让、出租、出借兽医师执业证书或者助理兽医师执业证书的。

第三十五条　执业兽医师在动物诊疗活动中有下列情形之一的，由动物卫生监督机构给予警告，责令限期改正；拒不改正或者再次出现同类违法行为的，处1000元以下罚款：

（一）不使用病历，或者应当开具处方未开具处方的；

（二）使用不规范的处方笺、病历册，或者未在处方笺、病历册上签名的；

（三）未经亲自诊断、治疗，开具处方药、填写诊断书、出具有关证明文件的；

（四）伪造诊断结果，出具虚假证明文件的。

第三十六条　执业兽医在动物诊疗活动中，违法使用兽药的，依照有关法律、行政法规的规定予以处罚。

第三十七条　注册机关及动物卫生监督机构不依法履行审查

和监督管理职责，玩忽职守、滥用职权或者徇私舞弊的，对直接负责的主管人员和其他直接责任人员，依照有关规定给予处分；构成犯罪的，依法追究刑事责任。

第六章　附　则

第三十八条　本办法施行前，不具有大学专科以上学历，但已取得兽医师以上专业技术职称，经县级以上地方人民政府兽医主管部门考核合格的，可以参加执业兽医资格考试。

第三十九条　本办法施行前，具有兽医、水产养殖本科以上学历，从事兽医临床教学或者动物诊疗活动，并取得高级兽医师、水产养殖高级工程师以上专业技术职称或者具有同等专业技术职称，经省、自治区、直辖市人民政府兽医主管部门考核合格，报农业部审核批准后颁发执业兽医师资格证书。

第四十条　动物饲养场（养殖小区）、实验动物饲育单位、兽药生产企业、动物园等单位聘用的取得执业兽医师资格证书和执业助理兽医师资格证书的兽医人员，可以凭聘用合同申请兽医执业注册或者备案，但不得对外开展兽医执业活动。

第四十一条　省级人民政府兽医主管部门根据本地区实际，可以决定取得执业助理兽医师资格证书的兽医人员，依照本办法第三章规定的程序注册后，在一定期限内可以开具兽医处方笺。

前款期限由省级人民政府兽医主管部门确定，但不得超过2017年12月31日。

经注册的执业助理兽医师，注册机关应当在其执业证书上载明"依法注册"字样和期限，并按执业兽医师进行执业活动管理。

第四十二条 乡村兽医的具体管理办法由农业部另行规定。

第四十三条 外国人和香港、澳门、台湾居民申请执业兽医资格考试、注册和备案的具体办法另行制定。

第四十四条 本办法所称注册机关，是指县（市辖区）级人民政府兽医主管部门；市辖区未设立兽医主管部门的，注册机关为上一级兽医主管部门。

第四十五条 本办法自 2009 年 1 月 1 日起施行。

附　录

执业兽医资格考试管理办法

中华人民共和国农业部公告

第 2537 号

　　为完善执业兽医资格考试制度，规范执业兽医资格考试工作，按照《中华人民共和国动物防疫法》和《执业兽医管理办法》的规定，我部结合当前执业兽医资格考试实际情况，对《执业兽医资格考试管理暂行办法》进行了修订，形成了《执业兽医资格考试管理办法》，现予发布，自 2017 年 7 月 1 日起施行。

　　特此公告

农业部

2017 年 6 月 12 日

第一章　总　则

　　第一条　为规范执业兽医资格考试管理，根据《中华人民共和国动物防疫法》和《执业兽医管理办法》，制定本办法。

第二条 本办法所称执业兽医资格考试，是指评价申请执业兽医资格人员是否具备执业所必需的知识和技能的考试。

执业兽医资格考试由农业部组织，全国统一大纲、统一命题、统一考试。

第三条 执业兽医资格考试类别分为兽医全科类和水生动物类，内容包括兽医综合知识和临床技能两部分。

执业兽医资格考试的具体内容和实施方案由全国执业兽医资格考试委员会确定。

第二章　组织管理

第四条 农业部设立的全国执业兽医资格考试委员会负责审定考试科目、考试大纲，确定考试试卷、考试合格标准。

农业部执业兽医管理办公室承担考试委员会的日常工作，负责拟定考试政策，监督、指导和协调各项考试管理工作，提出考试合格标准建议等。

第五条 中国动物疫病预防控制中心在全国执业兽医资格考试委员会领导下，具体负责执业兽医资格考试技术性工作。具体职责是：

（一）拟订考试大纲、试卷蓝图，开展命题、组卷相关工作；

（二）建设、管理执业兽医资格考试信息管理系统和考试题库；

（三）承担制卷、发送试卷、回收答题卡、阅卷评分等考务工作；

（四）统计分析考试试题、成绩等相关信息；

（五）指导考区和考点的考务工作；

（六）遴选和培训命题专家，培训临床技能现场考试主考官；

（七）向全国执业兽医资格考试委员会报告考试工作；

（八）承办全国执业兽医资格考试委员会交办的其他工作。

第六条　以每个省、自治区、直辖市行政区划为单位作为考区，省级兽医主管部门成立考区执业兽医资格考试领导小组，负责本行政区域内执业兽医资格考试管理工作。领导小组组长由省级兽医主管部门负责人担任。

考区领导小组具体职责是：

（一）指导、监督和检查本考区执业兽医资格考试工作；

（二）制定本考区执业兽医资格考试考务管理规定；

（三）确定考点，并报全国执业兽医资格考试委员会备案；

（四）协调公安、保密、信息等相关部门做好考试保障工作；

（五）向全国执业兽医资格考试委员会报告考试工作。

考区领导小组下设办公室，具体负责组织考试报名、提出考点设置建议、考试资料收发、考试信息管理系统操作、考试组织实施、考生违纪行为报告、考试工作人员的选聘和培训等技术性工作。

第七条　考点应当设在设区的市级人民政府所在地。设区的市级兽医主管部门成立考点执业兽医资格考试领导小组，负责本行政区域内执业兽医资格考试管理工作。领导小组组长由设区的市级兽医主管部门负责人担任。

考点领导小组具体职责是：

（一）指导、监督和检查本考点执业兽医资格考试工作；

（二）制定本考点执业兽医资格考试考务管理细则；

（三）按照考场设置标准确定具体考场；

（四）协调公安、保密、信息等相关部门做好考试的保障工作；

（五）向考区领导小组报告考试工作。

考点领导小组下设办公室，具体负责组织考试报名、提出考场设置建议、考试资料收发、考试信息管理系统操作、考试组织实施、考生违纪行为报告、考试工作人员的选聘和培训等技术性工作。

第八条 考区领导小组可以委托专业考试机构具体承担本考区执业兽医资格考试考务工作。

将考务工作委托专业考试机构承担的，应当签订委托协议，明确双方的权利和义务，并对其进行指导和监督。

第九条 中国动物疫病预防控制中心以及考区、考点领导小组办公室应当有计划地逐级培训考试工作人员。

第十条 全国执业兽医资格考试委员会以及考区、考点领导小组应当在考试期间组织对考区、考点的考务工作进行巡视，并对考场和考生考纪进行监督检查。

第三章　命题组卷

第十一条 执业兽医资格考试命题专家经中国动物疫病预防控制中心遴选，由全国执业兽医资格考试委员会聘任。

每个学科的命题专家不得少于两人，每个考试类别审卷专家不得多于三人。

第十二条 命题专家应当符合以下条件：

（一）具有良好的职业道德和较高的业务素质；

（二）具有本科（含本科）以上学历，在本学科或专业领域工作十年以上，取得高级专业技术职称或者具有同等专业水平；

（三）身体健康，有精力和时间承担命题工作；

（四）全国执业兽医资格考试委员会规定的其他条件。

第十三条 命题应当以全国执业兽医资格考试委员会公布的考试大纲为依据。

第十四条 组卷应当以全国执业兽医资格考试委员会批准的试卷蓝图为依据。

第四章 考试报名

第十五条 执业兽医资格考试原则上每年举行一次，具体考试时间、类别、方式由全国执业兽医资格考试委员会确定，并在考试举行四个月前向社会公布。

第十六条 具有国务院教育行政部门认可的兽医、畜牧兽医、中兽医（民族兽医）和水产养殖、水生动物医学专业大学专科以上学历的人员，可以参加执业兽医资格考试。

2009 年 1 月 1 日前不具有前款规定大学专科以上学历，但已取得兽医师以上专业技术职称，经县级以上地方人民政府兽医主管部门考核合格的，可以参加执业兽医资格考试。

第十七条 全国执业兽医资格考试委员会以及考区、考点领导小组应当及时向社会发布考试信息。

第十八条 执业兽医资格考试采取网络报名的方式。参加执业兽医资格考试的，应当在全国执业兽医资格考试委员会以及考区领导小组公告规定的时间内报名。

因不可抗力因素无法进行网络报名的，应当逐级上报全国执业兽医资格考试委员会同意后，由考区领导小组组织现场报名。

第十九条 考生凭《全国执业兽医资格考试准考证》和有效身份证件参加考试。

报名和参加考试时使用的有效身份证件应当一致。

第五章 兽医综合知识考试

第二十条 兽医综合知识考试包括基础、预防、临床和综合应用四个科目。

第二十一条 兽医综合知识考试试题（含副题）、试题双向细目表、标准答案和评分标准，启用前应当保密，使用后应当按规定销毁。

第二十二条 兽医综合知识考试试卷、答题卡由中国动物疫病预防控制中心组织制作。

第二十三条 考区、考点领导小组办公室应当在考试结束后按照要求回收、送达试卷和答题卡。

第六章 临床技能考试

第二十四条 临床技能考试试题（含副题）、试题双向细目表、标准答案和评分标准，启用前应当保密，使用后应当按规定销毁。

第二十五条 临床技能考试包括计算机辅助考试和现场考试两种形式，每次临床技能考试所采用的形式由全国执业兽医资格考试委员会确定。

第二十六条 临床技能现场考试由临床技能现场考试机构具体实施。临床技能现场考试机构的设立标准由全国执业兽医资格考试委员会确定。

临床技能现场考试机构由考区领导小组遴选和审定，报全国执业兽医资格考试委员会备案。

第二十七条 临床技能现场考试机构应当设立若干临床技能现场考试小组，每个考试小组由三名以上单数考官组成，其中一名为主考官。

第二十八条 考官由考区领导小组聘任。考官应当符合以下条件：

（一）取得执业兽医师资格；

（二）连续从事兽医临床工作五年以上；

（三）考区领导小组规定的其他条件。

第二十九条 临床技能现场考试小组进行测评时由考试小组的全体考官记录测评笔录。测评结束后，由主考官签署考试结果，并经全体考官签名。

第三十条 临床技能现场考试结束后，测评笔录、考试结果及其他资料应当上交至考区领导小组办公室。

第七章　成绩发布

第三十一条 执业兽医资格考试合格标准由全国执业兽医资格考试委员会确定，并向社会公告。

第三十二条 参加执业兽医资格考试的，按照全国执业兽医资格考试委员会公告的时间和方式查询考试成绩。不符合报名条件的，考试成绩无效。

第三十三条 考试成绩合格的，可以申请执业兽医资格。申请和授予的具体办法由各省、自治区、直辖市兽医主管部门规定。

第八章 附 则

第三十四条 考试工作人员,是指参与执业兽医资格考试考务管理、评阅卷和考试服务工作的人员。

第三十五条 执业兽医资格考试保密管理和违纪行为处理办法由农业部另行规定。

第三十六条 本办法由农业部负责解释。

第三十七条 本办法自 2017 年 7 月 1 日起施行。《执业兽医资格考试管理暂行办法》(农业部公告第 1145 号)同时废止。

港澳台居民参加全国执业兽医
资格考试及执业管理规定

中华人民共和国农业部公告

第 2539 号

　　根据《中华人民共和国动物防疫法》《执业兽医管理办法》有关规定，我部制定了《港澳台居民参加全国执业兽医资格考试及执业管理规定》，现予公告。

农业部

2017 年 6 月 12 日

　　第一条　为规范香港、澳门特别行政区居民中的中国公民和台湾居民（以下简称港澳台居民）参加全国执业兽医资格考试及执业管理，根据《〈内地与香港（澳门）关于建立更紧密经贸关系的安排〉服务贸易协议》要求和中央有关精神，以及《中华人民共和国动物防疫法》《执业兽医管理办法》，制定本规定。

　　第二条　港澳台居民参加全国执业兽医资格考试，其报名时间、报考程序、考试科目、考试内容、考试方式、考试时间、考试纪律、合格标准，适用《执业兽医管理办法》和有关全国执业兽医资格考试的统一规定。

　　第三条　具有完全民事行为能力，且符合下列条件的港澳台居民，可以申请参加全国执业兽医资格考试：

（一）具有国务院教育行政部门认可的大学专科以上学历；

（二）所学专业符合《执业兽医管理办法》和农业部公布的报考专业目录规定。

第四条 港澳台居民可在内地（大陆）任一考区报名参加全国执业兽医资格考试，考试缴费标准、缴费方式与报考地的内地（大陆）考生一致。

第五条 港澳台居民提交的有效身份证件，应当符合下列条件之一：

（一）香港、澳门居民提交香港、澳门居民身份证和港澳居民来往内地通行证；

（二）台湾居民提交在台湾地区居住的有效身份证明和台湾居民来往大陆通行证。

第六条 港澳台居民提交的有效学历证书，应当符合下列条件之一：

（一）取得内地（大陆）高等院校学历证书的，可以直接提交；

（二）取得香港、澳门、台湾地区或国外高等院校学历证书的，须同时提交由教育部留学服务中心出具的国（境）外学历学位认证书。

第七条 港澳台居民参加全国执业兽医资格考试成绩合格的，应当按照所在考区省级兽医主管部门考试公告要求，在规定时间内提出执业兽医资格授予申请。经审核合格的，由省级兽医主管部门颁发执业兽医资格证书。

第八条 取得执业兽医资格证书的港澳台居民，可以申请在内地（大陆）执业。

第九条 申请在内地（大陆）执业的港澳台居民，应当按照《执业兽医管理办法》和国家有关规定，向注册机关申请执业注册、备案。

第十条 港澳台居民取得执业兽医资格并经注册、备案后在内地（大陆）执业，应当遵守并履行《中华人民共和国动物防疫法》等国家相关法律法规规定义务。

第十一条 港澳台居民取得执业兽医资格并经注册、备案后在内地（大陆）执业的，按照国家法律法规和《执业兽医管理办法》规定管理。

第十二条 本规定自公布之日起施行，《香港和澳门特别行政区居民参加全国执业兽医资格考试实施细则（试行）》（农业部公告第 2257 号）同时废止。

乡村兽医管理办法

中华人民共和国农业部令

第 17 号

《乡村兽医管理办法》已经 2008 年 11 月 4 日农业部第 8 次常务会议审议通过，现予发布，自 2009 年 1 月 1 日起施行。

农业部部长

二○○八年十一月二十六日

第一条 为了加强乡村兽医从业管理，提高乡村兽医业务素质和职业道德水平，保障乡村兽医合法权益，保护动物健康和公共卫生安全，根据《中华人民共和国动物防疫法》，制定本办法。

第二条 乡村兽医在乡村从事动物诊疗服务活动的，应当遵守本办法。

第三条 本办法所称乡村兽医，是指尚未取得执业兽医资格，经登记在乡村从事动物诊疗服务活动的人员。

第四条 农业部主管全国乡村兽医管理工作。

县级以上地方人民政府兽医主管部门主管本行政区域内乡村兽医管理工作。

县级以上地方人民政府设立的动物卫生监督机构负责本行政区域内乡村兽医监督执法工作。

第五条 国家鼓励符合条件的乡村兽医参加执业兽医资格考试，鼓励取得执业兽医资格的人员到乡村从事动物诊疗服务活动。

第六条 国家实行乡村兽医登记制度。符合下列条件之一的，可以向县级人民政府兽医主管部门申请乡村兽医登记：

（一）取得中等以上兽医、畜牧（畜牧兽医）、中兽医（民族兽医）或水产养殖专业学历的；

（二）取得中级以上动物疫病防治员、水生动物病害防治员职业技能鉴定证书的；

（三）在乡村从事动物诊疗服务连续5年以上的；

（四）经县级人民政府兽医主管部门培训合格的。

第七条 申请乡村兽医登记的，应当提交下列材料：

（一）乡村兽医登记申请表；

（二）学历证明、职业技能鉴定证书、培训合格证书或者乡镇畜牧兽医站出具的从业年限证明；

（三）申请人身份证明和复印件。

第八条 县级人民政府兽医主管部门应当在收到申请材料之日起20个工作日内完成审核。审核合格的，予以登记，并颁发乡村兽医登记证；不合格的，书面通知申请人，并说明理由。

乡村兽医登记证应当载明乡村兽医姓名、从业区域、有效期等事项。

乡村兽医登记证有效期五年，有效期届满需要继续从事动物诊疗服务活动的，应当在有效期届满三个月前申请续展。

第九条 乡村兽医登记证格式由农业部规定，各省、自治区、直辖市人民政府兽医主管部门统一印制。

县级人民政府兽医主管部门办理乡村兽医登记，不得收取任何费用。

第十条　县级人民政府兽医主管部门应当将登记的乡村兽医名单逐级汇总报省、自治区、直辖市人民政府兽医主管部门备案。

第十一条　乡村兽医只能在本乡镇从事动物诊疗服务活动，不得在城区从业。

第十二条　乡村兽医在乡村从事动物诊疗服务活动的，应当有固定的从业场所和必要的兽医器械。

第十三条　乡村兽医应当按照《兽药管理条例》和农业部的规定使用兽药，并如实记录用药情况。

第十四条　乡村兽医在动物诊疗服务活动中，应当按照规定处理使用过的兽医器械和医疗废弃物。

第十五条　乡村兽医在动物诊疗服务活动中发现动物染疫或者疑似染疫的，应当按照国家规定立即报告，并采取隔离等控制措施，防止动物疫情扩散。

乡村兽医在动物诊疗服务活动中发现动物患有或者疑似患有国家规定应当扑杀的疫病时，不得擅自进行治疗。

第十六条　发生突发动物疫情时，乡村兽医应当参加当地人民政府或者有关部门组织的预防、控制和扑灭工作，不得拒绝和阻碍。

第十七条　省、自治区、直辖市人民政府兽医主管部门应当制定乡村兽医培训规划，保证乡村兽医至少每两年接受一次培训。县级人民政府兽医主管部门应当根据培训规划制定本地区乡村兽医培训计划。

第十八条　县级人民政府兽医主管部门和乡（镇）人民政府应当按照《中华人民共和国动物防疫法》的规定，优先确定乡村兽医作为村级动物防疫员。

第十九条 乡村兽医有下列行为之一的，由动物卫生监督机构给予警告，责令暂停六个月以上一年以下动物诊疗服务活动；情节严重的，由原登记机关收回、注销乡村兽医登记证：

（一）不按照规定区域从业的；

（二）不按照当地人民政府或者有关部门的要求参加动物疫病预防、控制和扑灭活动的。

第二十条 乡村兽医有下列情形之一的，原登记机关应当收回、注销乡村兽医登记证：

（一）死亡或者被宣告失踪的；

（二）中止兽医服务活动满二年的。

第二十一条 乡村兽医在动物诊疗服务活动中，违法使用兽药的，依照有关法律、行政法规的规定予以处罚。

第二十二条 从事水生动物疫病防治的乡村兽医由县级人民政府渔业行政主管部门依照本办法的规定进行登记和监管。

县级人民政府渔业行政主管部门应当将登记的从事水生动物疫病防治的乡村兽医信息汇总通报同级兽医主管部门。

第二十三条 本办法自 2009 年 1 月 1 日起施行。

兽医卫生监督经费管理暂行办法

（农业部办财〔2012〕14号）

第一条 为加强兽医卫生监督经费的管理和监督，提高资金使用效益，进一步做好动物疫病防控工作，根据《中华人民共和国动物防疫法》、《中央本级项目支出预算管理办法》（财预〔2007〕38号）及其他相关规定，制定本办法。

第二条 本办法所称兽医卫生监督经费，是指中央财政在部门预算中安排的用于强化动物及动物产品安全监督管理的财政专项资金。

第三条 兽医卫生监督经费实行项目管理，由农业部组织实施，项目承担单位具体实施。

第四条 农业部兽医局负责项目的组织实施和监督检查；农业部财务司负责制定兽医卫生监督经费资金的管理制度，组织编制并审核预、决算，下达项目经费，对预算执行履行监管职责。

第五条 农业部兽医局、部属单位，地方兽医主管部门、动物卫生监督机构及有关科研院所等项目承担单位负责项目的预算编制、申报和执行，开展会计核算、资金支付、政府采购等业务，接受农业部财务司及有关部门对预算执行的监督检查。

第六条 兽医卫生监督经费应严格按照预算批复执行，主要用于检疫监督规划政策制定、动物卫生及动物产品检疫监督管理、动物卫生监督执法队伍培训、动物卫生监督执法联防工作制度建立完善、全国动物卫生监督信息化管理以及工作宣传等。

第七条　项目承担单位应当严格按照本办法规定的经费开支范围办理支出，不得挪作他用。

第八条　农业部根据兽医卫生监督工作需要和预算规模，组织提出项目工作计划，确定项目承担单位和下达年度项目计划，年度项目计划包括年度目标、任务计划、经费测算安排等内容。

第九条　项目承担单位根据年度项目计划，制定实施方案，内容包括年度目标、人员安排、实施步骤、资金测算等。地方承担单位的实施方案经省级兽医主管部门审核后报送农业部，农业部部属单位和其他有关单位的实施方案直接报送农业部。

第十条　农业部审核项目承担单位的实施方案，审核通过后按照国家财政资金拨付有关要求下达项目资金。

第十一条　项目承担单位要严格执行国家有关财经法规，建立项目资金明细账，确保专款专用，科学、合理、有效地使用项目资金。

第十二条　项目承担单位应按照部门决算编报要求，编制报送兽医卫生监督经费的决算。

第十三条　兽医卫生监督经费的资金支付按照国库集中支付管理的有关规定执行。经费使用中涉及政府采购的，严格按照政府采购相关规定执行。

第十四条　项目承担单位要开展项目执行情况年度总结。项目承担单位是省级及以下兽医工作单位的，项目执行情况总结报告经省级兽医主管部门审核后，于12月31日前报送农业部。部属单位和其他项目承担单位，于12月31日前直接向农业部报送项目执行情况总结报告。农业部将本年度项目执行情况作为下一年度项目资金安排的重要依据。

第十五条 项目承担单位应定期组织项目自查，农业部财务司组织开展实行重点抽查。对检查中发现的套取、挤占、挪用项目资金的行为，按照《财政违法行为处罚处分条例》等有关法律法规给予处罚。

第十六条 本办法由农业部财务司负责解释。

第十七条 本办法自发布之日起施行。

关于加强乡村兽医管理工作的通知

农办医〔2010〕7号

各省、自治区、直辖市畜牧兽医（农业、农牧）厅（局、办、委），新疆生产建设兵团农业局：

为加强乡村兽医从业管理，提高乡村兽医业务素质和职业道德水平，保障乡村兽医合法权益，根据《动物防疫法》和《乡村兽医管理办法》，现就有关事宜通知如下。

一、统一思想，进一步提高乡村兽医管理工作重要性认识

乡村兽医是指尚未取得执业兽医资格，经登记在乡村从事动物诊疗服务活动的人员。乡村兽医队伍是动物疫病防控体系的基础，是各项动物防疫措施实施的重要力量。加强乡村兽医队伍建设，可以把动物防疫网络延伸到基层，可以把动物防疫意识强化到基层，可以把动物防疫技术传授到基层，有利于禽流感、猪蓝耳病等重大动物疫情的早发现，有利于各项动物疫病防控措施的落实。为加强乡村兽医队伍建设与管理，农业部出台了《乡村兽医管理办法》，明确规定实行乡村兽医登记制度，要求加强乡村兽医业务培训，严格规范乡村兽医从业行为。各地按照农业部要求，采取措施，加强乡村兽医队伍建设。但总体上进展仍很缓慢，乡村兽医登记工作尚未全面推开，乡村兽医培训力度还不够，乡村兽医从业行为仍不规范。当前，我国重大动物疫病防控形势仍很严峻，畜牧业生产发展任务繁重，各地务必站在政治和全局的高度，充分认识加强乡村兽医管理工作的重要性，增强做好这项工

作的责任感、使命感和紧迫感，采取切实有力措施，进一步加强乡村兽医队伍建设与管理，切实提高基层动物防疫工作能力和水平。

二、抓住重点，全面推进乡村兽医队伍建设与管理

（一）加强乡村兽医登记管理。乡村兽医登记是最基本的乡村兽医管理制度。在乡村从事动物诊疗服务活动的兽医人员必须到当地县级兽医主管部门申请乡村兽医登记。各地要严格掌握乡村兽医登记条件，规范登记程序，明确从业范围，及时审核颁发乡村兽医登记证。要加强乡村兽医登记信息管理，建立健全乡村兽医管理档案，逐级汇总上报乡村兽医登记信息。要加快推进乡村兽医信息网络化管理进程，充分利用现代化信息技术手段管理乡村兽医。乡村兽医登记发证工作务必于 2010 年 10 月底前完成。

（二）加强乡村兽医培训。组织开展形式多样的乡村兽医培训，提高乡村兽医业务素质，是当前乡村兽医队伍建设与管理工作的重点。各地要抓紧制定乡村兽医培训规划和计划，建立健全乡村兽医培训教材体系，加大乡村兽医培训经费投入力度，保证乡村兽医每两年接受一次培训，不断提高其业务素质和工作能力。要鼓励符合条件的乡村兽医参加执业兽医资格考试，鼓励取得执业兽医资格的人员到乡村从事动物诊疗服务活动，促进高水平的兽医人员向乡村流动、向规模养殖场集聚，逐步提高基层动物防疫综合能力。

（三）加强乡村兽医从业管理。各地要加强乡村兽医从业管理，切实规范乡村兽医兽药使用行为，严格履行动物疫情报告义务。要将乡村兽医管理与村级动物防疫员管理有机结合，统筹推进，要优先确定登记备案的乡村兽医作为村级动物防疫员。

三、加强领导，把乡村兽医管理各项工作落到实处

各地要把乡村兽医管理作为当前基层兽医队伍建设的一项重要任务，摆到突出位置，列入重要议事日程，切实加强领导。要加强与财政、劳动保障等部门协调沟通，争取有关部门的支持，努力解决乡村兽医培训经费。有条件的地方要积极探索建立村级动物防疫员和乡村兽医社会保险机制，切实解决村级动物防疫员和乡村兽医后顾之忧，稳定基层动物防疫队伍。要认真总结交流乡村兽医管理好的经验和做法，加强乡村兽医队伍建设和基层防疫工作宣传，营造良好的外部环境。

请各地将乡村兽医登记工作进展情况，以及乡村兽医管理工作中存在的问题和建议及时报我部兽医局。

附件：乡村兽医登记表（略）

二○一○年一月二十五日

兽医处方格式及应用规范

中华人民共和国农业部公告
第 2450 号

为加强兽医处方管理，规范兽医执业行为，根据《中华人民共和国动物防疫法》及《执业兽医管理办法》《动物诊疗机构管理办法》《兽用处方药和非处方药管理办法》，我部制定了《兽医处方格式及应用规范》，自发布之日起执行。凡与本规范不符的处方笺自 2017 年 1 月 1 日起不得使用。

特此公告。

农业部

2016 年 10 月 8 日

一、基本要求

1. 本规范所称兽医处方，是指执业兽医师在动物诊疗活动中开具的，作为动物用药凭证的文书。

2. 执业兽医师根据动物诊疗活动的需要，按照兽药使用规范，遵循安全、有效、经济的原则开具兽医处方。

3. 执业兽医师在注册单位签名留样或者专用签章备案后，方可开具处方。兽医处方经执业兽医师签名或者盖章后有效。

4. 执业兽医师利用计算机开具、传递兽医处方时，应当同时打印出纸质处方，其格式与手写处方一致；打印的纸质处方经执业兽医师签名或盖章后有效。

5. 兽医处方限于当次诊疗结果用药，开具当日有效。特殊情况下需延长有效期的，由开具兽医处方的执业兽医师注明有效期限，但有效期最长不得超过3天。

6. 除兽用麻醉药品、精神药品、毒性药品和放射性药品外，动物诊疗机构和执业兽医师不得限制动物主人持处方到兽药经营企业购药。

二、处方笺格式

兽医处方笺规格和样式由农业部规定，从事动物诊疗活动的单位应当按照规定的规格和样式印制兽医处方笺或者设计电子处方笺。兽医处方笺规格如下：

1. 兽医处方笺一式三联，可以使用同一种颜色纸张，也可以使用三种不同颜色纸张。

2. 兽医处方笺分为两种规格，小规格为：长210mm、宽148mm；大规格为：长296mm、宽210mm。

三、处方笺内容

兽医处方笺内容包括前记、正文、后记三部分，要符合以下标准：

1. 前记：对个体动物进行诊疗的，至少包括动物主人姓名或者动物饲养单位名称、档案号、开具日期和动物的种类、性别、体重、年（日）龄。

对群体动物进行诊疗的，至少包括饲养单位名称、档案号、开具日期和动物的种类、数量、年（日）龄。

2. 正文：包括初步诊断情况和 Rp（拉丁文 Recipe "请取"

的缩写）。Rp 应当分列兽药名称、规格、数量、用法、用量等内容；对于食品动物还应当注明休药期。

3. 后记：至少包括执业兽医师签名或盖章和注册号、发药人签名或盖章。

四、处方书写要求

兽医处方书写应当符合下列要求：

1. 动物基本信息、临床诊断情况应当填写清晰、完整，并与病历记载一致。

2. 字迹清楚，原则上不得涂改；如需修改，应当在修改处签名或盖章，并注明修改日期。

3. 兽药名称应当以兽药国家标准载明的名称为准。兽药名称简写或者缩写应当符合国内通用写法，不得自行编制兽药缩写名或者使用代号。

4. 书写兽药规格、数量、用法、用量及休药期要准确规范。

5. 兽医处方中包含兽用化学药品、生物制品、中成药的，每种兽药应当另起一行。

6. 兽药剂量与数量用阿拉伯数字书写。剂量应当使用法定计量单位：质量以千克（kg）、克（g）、毫克（mg）、微克（μg）、纳克（ng）为单位；容量以升（l）、毫升（ml）为单位；有效量单位以国际单位（IU）、单位（U）为单位。

7. 片剂、丸剂、胶囊剂以及单剂量包装的散剂、颗粒剂分别以片、丸、粒、袋为单位；多剂量包装的散剂、颗粒剂以 g 或 kg 为单位；单剂量包装的溶液剂以支、瓶为单位，多剂量包装的溶液剂以 ml 或 l 为单位；软膏及乳膏剂以支、盒为单位；单剂量包装的注射剂以支、瓶为单位，多剂量包装的注射剂以 ml 或 l、g 或

kg 为单位，应当注明含量；兽用中药自拟方应当以剂为单位。

8. 开具处方后的空白处应当划一斜线，以示处方完毕。

9. 执业兽医师注册号可采用印刷或盖章方式填写。

五、处方保存

1. 兽医处方开具后，第一联由从事动物诊疗活动的单位留存，第二联由药房或者兽药经营企业留存，第三联由动物主人或者饲养单位留存。

2. 兽医处方由处方开具、兽药核发单位妥善保存二年以上。保存期满后，经所在单位主要负责人批准、登记备案，方可销毁。

兽医处方笺样式

XXXXXX 处方笺	第一联 从事动物诊疗活动的单位留存
动物主人/饲养单位＿＿＿＿＿＿ 档案号＿＿＿＿＿＿ 动物种类＿＿＿ 动物性别＿＿＿ 体重/数量＿＿＿ 年（日）龄＿＿＿＿＿ 开具日期＿＿＿＿＿＿	
诊断：　　　　　　　　　　　Rp：	
执业兽医师＿＿＿＿ 注册号＿＿＿＿ 发药人＿＿＿＿	

农业部关于推进执业兽医制度建设工作的意见

农医发〔2011〕15 号

为加快执业兽医队伍建设步伐，规范兽医从业行为，强化兽医人才支撑，根据《动物防疫法》和《国务院关于推进兽医管理体制改革的若干意见》（国发〔2005〕15 号）的规定，现就推进执业兽医制度建设工作提出如下意见。

一、充分认识推进执业兽医制度建设工作的重大意义

实行执业兽医制度是世界各国通行做法。我国高度重视执业兽医制度建设。《动物防疫法》和《国务院关于推进兽医管理体制改革的若干意见》对建立和完善执业兽医制度提出了明确要求。推进执业兽医制度建设，是规范兽医服务行为、促进养殖业健康稳定发展、保障动物产品质量安全水平和维护公共卫生安全的基本要求；是构建现代兽医制度、加强兽医人才队伍建设的重要内容；是推进兽医职业化发展、转变动物疫病防控方式的重大举措。近年来，农业部和各级兽医主管部门采取积极措施，建立健全执业兽医管理规章制度，组织开展全国执业兽医资格考试，全国已有 10829 人取得执业兽医师资格、17802 人取得执业助理兽医师资格，并成立了中国兽医协会，执业兽医制度建设迈出了坚实步伐。但是，目前我国执业兽医制度建设尚处于起步阶段，与兽医事业发展需要还存在较大差距，执业兽医制度建设工作任务十分艰巨。各级兽医主管部门一定要站在战略和全局的高度，充分认识执业兽医制度建设工作的重大意义，增强责任感和使命感，加快执业

兽医制度建设工作步伐，规范兽医从业行为，充分发挥执业兽医队伍在防控动物疫病和保障动物产品质量安全方面的作用，为提高我国动物疫病防控能力、提升畜禽水产品质量安全水平打下坚实基础。

二、建立健全执业兽医资格准入制度

（一）明确执业兽医从业范围。这是执业兽医制度建设的基础。对动物诊疗机构、动物保健机构、动物隔离场、种畜禽生产经营企业、水产原良种场等单位从事动物疾病的预防、诊断、治疗和动物绝育手术以及动物保健等经营性活动的兽医人员，要按照《动物防疫法》和我部有关规章的规定，全面实行执业兽医资格准入管理。对畜禽养殖场（养殖小区）、水产养殖企业、动物屠宰场、实验动物饲养场、兽药和药物饲料添加剂生产经营企业等单位从事兽医服务的人员，各省（自治区、直辖市）兽医主管部门要大胆探索、勇于创新，鼓励将其纳入执业兽医资格准入范围，提高兽医社会化服务水平。对动物疫病预防控制机构从事动物疫病检测诊断和动物卫生监督机构从事动物卫生监督执法的国家兽医工作人员，要逐步纳入执业兽医资格准入范围，提高兽医公共服务能力。

（二）完善执业兽医资格考试制度。执业兽医资格考试是执业兽医资格准入管理的关键。要健全完善执业兽医资格考试规章制度，科学设置考试科目和命制考试试题，切实加强命题专家队伍和考试考务队伍建设，创新执业兽医资格考试组织管理模式。要组织研究制定兽医临床技能考试办法，明确兽医临床技能考试方式方法，提高执业兽医临床操作能力考核水平。要抓紧制定执业兽医队伍建设规划，有计划、有步骤、均衡地推进执业兽医队伍建设。要加强兽医教育认证制度研究，推动兽医教育与执业兽医资格考试制度有效衔接。

三、建立健全执业兽医注册管理制度

（一）强化执业兽医注册管理。执业兽医注册是兽医从业的一种行政许可行为。取得执业兽医资格证书的人员，必须依法在县级兽医主管部门注册后才能从业。各地要根据本地区执业兽医队伍建设的实际需要，制定执业兽医注册管理具体措施，明确本地区执业兽医注册时间进度安排，妥善处理好现有动物诊疗机构兽医服务人员注册问题。

（二）规范执业兽医注册行为。县级兽医主管部门要严格依照有关法律法规规定，准确把握执业兽医注册条件，严格规范执业兽医注册程序，确保执业兽医注册公平公正。在执业兽医注册工作中，要严格按照执业兽医资格证书标明的类别，明确执业兽医从事兽医服务活动的范围。对参加执业兽医资格考试水生动物类考试成绩合格的，只能注册从事水生动物疫病防治，不得从事其他动物疫病诊疗服务。

四、建立健全执业兽医从业管理制度

（一）规范执业兽医从业活动。健全完善执业兽医从业管理规章制度，制定执业兽医职业道德规范和操作技术规范，明确执业兽医基本行为准则。规范动物诊疗病历和兽医处方管理，建立健全动物诊疗纠纷调处机制，尊重和保护执业兽医的处方、诊断和治疗权利。强化执业兽医履行动物疫情报告和参加动物疫病预防控制的义务，充分发挥执业兽医在动物疫情报告和处置工作中的作用。引导执业兽医加强兽医科普知识宣传，普及兽医政策法律、动物防疫、兽药安全使用和动物福利知识。要加快培育动物诊疗市场发展，支持执业兽医到基层执业，鼓励执业兽医到农村开展志愿兽医服务。

（二）强化执业兽医从业监管。地方各级兽医主管部门要加强对执业兽医从业行为的监督检查，对执业兽医不履行动物疫情报告和参加动物疫病预防控制义务、违反有关动物诊疗技术操作规范以及使用不符合国家规定的兽药和兽医器械等违法行为，要依法严肃处理。各地可根据本地实际情况适时开展动物诊疗机构清理整治，规范动物诊疗机构名称，禁止"无证行医"、"借壳行医"和"游医"行为。

（三）创新执业兽医管理制度。要研究构建执业兽医从业诚信体系，全面记录执业兽医履行法定义务、遵守职业道德规范以及技术能力提升情况，以诚信记录为主要依据，组织对执业兽医从业行为进行定期考核。加快执业兽医管理信息化建设步伐，整合执业兽医资格准入、注册管理和诚信记录等方面的信息资源，构建统一的执业兽医管理信息平台，努力实现信息互通、资源共享。要建立健全兽医行业自律机制，充分发挥兽医协会在执业兽医制度建设中的作用。

五、探索建立执业兽医继续教育制度

持续的教育培训是提升执业兽医能力的基本要求。各级兽医主管部门要高度重视执业兽医继续教育，有序开展执业兽医继续教育培训工作，建立执业兽医终身动物医学教育机制。要根据执业兽医继续教育特点和规律，探索构建组织多元化、形式多样化、内容个性化的继续教育培训机制，充分利用各种教育培训资源，开展兽医政策法律、新技术、新成果培训，不断提升执业兽医服务水平。

六、加强执业兽医制度建设组织领导

执业兽医制度建设是兽医人才队伍建设的重要内容。各级兽医主管部门一定要高度重视，切实将推进执业兽医制度建设作为夯实兽医事业发展基础、构建动物疫病防控长效机制的重要工作纳入议事日程，精心谋划、统一部署，加快推进、长抓不懈。要抓紧研究制定兽医师法及其配套规定，建立健全执业兽医管理法律制度体系，推进执业兽医管理法制化进程。要加强执业兽医管理工作机构建设，抓紧设置专门的执业兽医管理机构，负责执业兽医管理工作。要加强调查研究，及时总结推广执业兽医制度建设工作中的好经验、好做法，研究解决存在的突出问题。要加大宣传引导，努力为执业兽医制度建设营造良好的社会氛围。

二〇一一年五月十八日

国务院关于推进兽医管理体制改革的若干意见

国发〔2005〕15号

各省、自治区、直辖市人民政府，国务院各部委、各直属机构：

改革和完善兽医管理体制，对于从根本上控制和扑灭重大动物疫病，保障人民群众的身体健康，提高动物产品的质量安全水平和国际竞争力，促进农业和农村经济发展，具有十分重要的意义。根据党的十六大和十六届三中全会关于深化行政管理体制改革，完善政府社会管理和公共服务职能的精神，现就推进兽医管理体制改革提出以下意见。

一、充分认识兽医管理体制改革的必要性和紧迫性

（一）兽医工作是公共卫生工作的重要组成部分，是保持经济社会全面、协调、可持续发展的一项基础性工作。随着我国经济、社会的发展和对外开放进程的加快，现行兽医管理体制已明显不适应新形势、新任务的要求。尤其是机构不健全、职责不清晰、法律不完善、队伍不稳定等问题，严重影响了动物疫病防治能力和动物产品质量安全水平的提高。加之目前国际上特别是我周边国家重大动物疫病时有发生，甚至出现局部蔓延，对我国防控重大动物疫病形成较大压力。因此，改革兽医管理体制已经成为当前十分紧迫的任务。

二、兽医管理体制改革的指导思想和目标

（二）兽医管理体制改革的指导思想是：以邓小平理论和"三个代表"重要思想为指导，坚持"预防为主"的方针，按照

政府全面履行经济调节、市场监管、社会管理、公共服务职能的要求，提高动物卫生监管执法水平，提高动物防疫公共服务能力，促进养殖业稳定发展和农民增收，确保人民群众的身体健康和财产安全。

（三）兽医管理体制改革的主要目标是：本着"精简、统一、效能"的原则，健全机构、明确职能、理顺关系、完善法规，逐步建立起科学、统一、透明、高效的兽医管理体制和运行机制。稳定和强化基层动物防疫体系，提高兽医管理机构依法行政的能力和水平，促进我国动物卫生工作全面发展，不断提高我国动物卫生及其产品的安全水平。

三、建立健全兽医工作体系

（四）建立健全兽医行政管理机构。中央一级兽医行政管理机构列入农业部的内设机构。省以下兽医行政管理机构由省级人民政府结合本地养殖业发展情况和兽医工作需要确定，并按程序报批。上级兽医行政管理机构对下级兽医行政管理机构负有指导职责；各级兽医行政管理机构对动物防疫、检疫工作负有指导和监督职责。要加强兽医医政、药政管理，实施官方兽医制度。

（五）建立兽医行政执法机构。省、市、县三级人民政府可根据本地的实际情况，对现有动物防疫、检疫、监督等各类机构及其行政执法职能进行整合，组建动物卫生监督机构，作为行政执法机构，依法负责动物防疫、检疫与动物产品安全监管的行政执法工作，兽医行政管理机构负责对其进行归口管理，并加强其履行职责所必需的技术手段和能力建设。出入境动物及其产品的检疫工作，按照国家有关法律和法规的规定执行。

（六）建立健全各级兽医技术支持体系。承担动物疫病监测、诊断、流行病学调查研究等技术支持机构（实验室）是兽医行政管理和执法监督的重要技术保障和依托。要整合现有兽医技术支持机构和资源，按照综合设置的原则，建立健全各级兽医技术支持体系。按照统筹规划、合理布局的原则，充分利用现有高等院校、科研院所等兽医技术资源，通过充实力量、资格认可、安全监管，切实加强国家兽医参考实验室、区域诊断实验室建设。

（七）切实加强基层动物防疫机构建设。根据经营性服务和公益性职能分开的原则，积极推进乡镇畜牧兽医站改革。由县级兽医行政主管部门按乡镇或区域设立畜牧兽医站，人员、业务、经费等由县级兽医行政主管部门统一管理，承担动物防疫、检疫和公益性技术推广服务职能。要将原由乡镇畜牧兽医站承担的诊疗服务等经营性业务进行科学界定，并与公益性职能合理分离，使其走向市场。鼓励和引导乡镇畜牧兽医站分流人员创办经营性兽医服务实体。

四、加强兽医队伍和工作能力建设

（八）逐步推行官方兽医制度。官方兽医是指经资格认可、法律授权或政府任命，有权出具动物卫生证书的国家兽医工作人员。参照国际通行做法，国家逐步推行官方兽医制度。现有兽医工作人员，要通过业务培训提高综合素质和业务水平，并经资格认可、政府任命等办法，逐步进入官方兽医队伍。各级兽医工作机构的人员编制，由机构编制部门会同财政和兽医行政主管部门核定。

（九）逐步实行执业兽医制度。从事动物疫病诊断、治疗和动物保健等经营活动的兽医人员，必须经培训、考试，取得执业兽医资格。对兽医体制改革中分流出来的兽医人员，依法纳入当地的社会保障体系；已参保的分流人员要按照国家有关规定及时办理其社会保险关系调转手续，做好各项社会保险的衔接工作。各地要通过成立兽医行业协会等方式，实行行业自律，规范从业行为，提高服务水平。

（十）切实加强兽医工作能力建设。要重视和加强兽医教育，保证人力资源储备，提高从业人员素质。加强兽医科学研究，完善动物疫病控制手段，建立健全风险评估机制，提高科学防治水平。加强对外交流与合作，积极参与国际兽医事务，跟踪研究国际动物卫生规则，及时调整和完善国内相关政策。

渔业行政主管部门要强化技术推广、疫情测报等机构的能力建设，切实加强养殖水域的生态环境监测和水生动物病害防治监控工作。

五、建立完善兽医工作的公共财政保障机制

（十一）建立科学合理的经费保障机制。兽医行政、执法和技术支持工作所需经费应纳入各级财政预算，统一管理。对兽医行政执法机构实行全额预算管理，保证其人员经费和日常运转费用。动物疫病的监测、预防、控制、扑灭经费以及动物产品有毒有害物质残留检测等经费，由各级财政纳入预算、及时拨付。其依法收取的防疫、检疫等行政事业性收费一律上缴财政，实行"收支两条线"管理。对经费使用情况要加强监督管理，确保专款专用。

（十二）加强动物防疫体系的基础设施建设。充实、完善各级兽医工作机构的设备、条件，建设各级各类兽医实验室，提高诊断、检测能力和生物安全水平，是加强动物防疫体系建设的重要内容。各地要按照全国动物防疫体系建设的总体规划，编制本地区动物防疫体系建设规划，并将建设项目纳入年度计划，认真组织实施。

六、抓紧完善兽医管理工作的法律法规体系

（十三）加快兽医工作的法律法规体系建设。根据世界贸易组织有关规则，参照《国际动物卫生法典》和国际通行做法，建立完善动物卫生法律法规体系。抓紧修订《中华人民共和国动物防疫法》，研究制定官方兽医管理、执业兽医管理等相关法律法规，充分发挥法律法规在兽医管理工作中的保障作用。

七、加强对兽医管理体制改革的组织领导

（十四）兽医管理体制改革由农业部牵头，会同中央编办、财政部、发展改革委、人事部、劳动保障部、法制办等有关部门组织实施。各有关部门要统一思想，密切配合，加强对各地改革工作的指导，及时总结经验，发现并解决改革中出现的问题。

（十五）各省、自治区、直辖市人民政府要加强对兽医管理体制改革工作的领导，在深入调查研究的基础上，制定具体实施方案，报农业部备案后组织实施。各地兽医工作机构的调整改革，原则上要在 2005 年年底前完成。各级兽医行政主管部门要会同编制、财政、人事、发展改革（计划）、劳动保障等部门认真组织落实改革方案，并做好职工的思想工作，确保兽医管理体制改革的顺利进行和动物防疫、检疫工作的正常开展。

执业兽医资格考试巡视工作管理规定

农业部关于印发《执业兽医资格考试
巡视工作管理规定》的通知
农医发〔2012〕20号

各省、自治区、直辖市畜牧兽医（农业、农牧）厅
（局、委、办）：

　　为建立健全执业兽医资格考试工作监督机制，维护考试工作的公正性、严肃性，保证考试顺利实施，根据《执业兽医管理办法》和《执业兽医资格考试管理暂行办法》，我部修订了《执业兽医资格考试巡视工作管理规定》。现印发给你们，请认真贯彻实施。

中华人民共和国农业部
2012 年 10 月 8 日

　　第一条　为建立健全执业兽医资格考试工作监督机制，维护考试工作公正性、严肃性，保证考试顺利实施，根据《执业兽医管理办法》和《执业兽医资格考试管理暂行办法》，特制定本规定。

　　第二条　本规定适用于执业兽医资格考试监督、检查、巡考等工作。

　　第三条　执业兽医资格考试实行国家巡视组、考区督查组和

考点巡考组三级巡视制。

国家巡视组由全国执业兽医资格考试委员会派出，每个考区不得少于2人。巡视的考区根据工作需要确定。

考区督查组由执业兽医资格考试考区领导小组派出，每个考点不得少于2人，由各省（自治区、直辖市）兽医、保密、纪检等有关单位工作人员组成。

考点巡考组由执业兽医资格考试考点领导小组派出，每个考试地点不得少于2人，由考点所属地市兽医、保密、纪检等有关单位工作人员组成。

第四条 巡视人员应当具备下列条件：

（一）坚持原则，秉公办事；

（二）熟悉考试相关政策；

（三）熟悉考务管理有关规定。

第五条 巡视人员主要职责：

（一）检查考试规章制度贯彻落实情况；

（二）检查考试工作组织实施情况，包括考试组织领导、考试宣传发动、考务培训等；

（三）检查试卷保密和保管情况，包括试卷保密制度、试卷保密室安全状况、试卷保管人员值班情况、试卷（答题卡）分发回收情况等；

（四）检查考试实施情况，包括考场设置、考点环境布置、考点考场屏蔽、考点服务、考风考纪等情况；

（五）指导做好试卷失泄密等突发事件和违纪违规等行为的处理。

第六条 各级考试管理机构应当加强巡视人员培训，使其熟悉和掌握考试的有关政策和规定。

第七条　巡视人员在巡视考场过程中，应当佩带胸牌，不得携带手机等通讯设备。

第八条　巡视人员对于巡视过程中发现的问题，应当及时提请并督促当地考试管理机构以及考点主考予以纠正；对于发现的重大问题，应当及时向其派出机构报告。

第九条　巡视人员对于考生、监考人员以及考试工作人员的违规违纪行为应当依照有关规定予以制止。

第十条　巡视人员在巡视工作结束后，应当如实向其派出机构报告有关巡视情况。

第十一条　巡视人员在巡视期间应当自觉遵守廉政建设有关规定。

第十二条　本规定自发布之日起实施。农业部 2010 年 9 月 1 日发布的《执业兽医资格考试巡视工作管理规定（试行）》（农医发〔2010〕38 号）同时废止。

兽医系统实验室考核管理办法

农业部关于印发《兽医系统实验室考核管理办法》的通知

各省、自治区、直辖市畜牧兽医（农业、农牧）厅（局、委、办），新疆生产建设兵团农业局：

为加强兽医系统实验室管理，提高兽医实验室技术水平和工作能力，我部制定了《兽医系统实验室考核管理办法》。现印发你们，请遵照执行。

二〇〇九年八月十一日

第一条 为加强兽医实验室管理，提高兽医实验室技术水平和工作能力，制定本办法。

第二条 本办法所称兽医实验室是指隶属于各级兽医主管部门，并承担动物疫病诊断、监测和检测等任务的国家级区域兽医实验室、省级兽医实验室、地（市）级兽医实验室和县（市）级兽医实验室。

第三条 国家实行兽医实验室考核制度。兽医实验室经考核合格并取得兽医实验室考核合格证的，方可承担动物疫病诊断、监测和检测等任务。

兽医实验室考核不合格、未取得兽医实验室考核合格证的，该行政区域内动物疫病诊断、监测和检测等任务应当委托取得兽医实验室考核合格证的兽医实验室承担。

第四条　农业部负责国家级区域兽医实验室和省级兽医实验室考核，具体工作由中国动物疫病预防控制中心承担。

省、自治区、直辖市兽医主管部门负责本辖区内地（市）级兽医实验室和县（市）级兽医实验室考核工作。

第五条　兽医实验室应当具备下列条件：

（一）有能力承担本行政区域及授权范围内的动物疫病诊断、监测、检测、流行病学调查以及其它与动物防疫相关的技术工作，为动物防疫工作提供技术支持；

（二）实验室建设符合兽医实验室建设标准，具有与所承担任务相适应的实验场所、仪器设备，且仪器设备配备率和完好率达到100%；

（三）具有与所承担任务相适应的专业技术人员和熟悉实验室管理法律法规标准的管理人员，专业技术人员比例不得少于80%；

（四）从事动物疫病诊断、监测和检测活动的人员参加省级以上兽医主管部门组织的技术培训，并培训合格；

（五）建立与所承担任务相适应的质量管理体系和生物安全管理制度，并运行正常；

（六）近两年内完成上级兽医主管部门规定的诊断、监测和检测任务；

（七）建立科学、合理的实验室程序文件，严格按照技术标准、实验室操作规程和有关规定开展检测工作，实验室记录和检测报告统一规范；

（八）建立健全实验活动原始记录，实验档案管理规范，整理成卷，统一归档。

第六条　具备本办法第五条规定条件的兽医实验室，可以向农业部或者省、自治区、直辖市人民政府兽医主管部门申请兽医实验室考核。

第七条 申请兽医实验室考核应当提交以下材料：

（一）兽医实验室考核申请表一式两份；

（二）近两年年度业务工作总结；

（三）现行实验室质量管理手册；

（四）保存或者使用的动物病原微生物菌（毒）种名录；

（五）实验室平面布局图；

（六）实验室仪器设备清单和实验室人员情况表；

（七）其他有关资料。

第八条 农业部或者省、自治区、直辖市人民政府兽医主管部门应当在收到申请材料之日起15日内进行审查。经审查，材料齐全、符合要求的，农业部或者省、自治区、直辖市人民政府兽医主管部门应当组织进行现场考核；材料不齐全或者不符合要求的，应当通知申请单位在5日内补齐。

第九条 现场考核由中国动物疫病预防控制中心或者省、自治区、直辖市兽医主管部门从兽医实验室管理专家库中抽取的专家考核组负责。

专家考核组由3—5人组成。专家考核组应当制订考核方案，报中国动物疫病预防控制中心或者省、自治区、直辖市兽医主管部门备案。

中国动物疫病预防控制中心或者省、自治区、直辖市兽医主管部门应当提前3日将考核时间、内容和日程等通知申请单位。

第十条 现场考核实行组长负责制。组长由中国动物疫病预防控制中心或者省、自治区、直辖市兽医主管部门指定。

第十一条 现场考核采取以下方式进行：

（一）听取申请单位的工作汇报；

（二）现场检查有关实验室情况；

（三）查阅相关资料、档案等；

（四）对实验室人员进行理论考试和技术考核；

（五）随机抽取所检项目进行现场操作考核，可采用盲样检测或者比对的方式进行，考查检测流程、操作技能和检测结果的可靠性；

（六）按照实验室考核标准逐项考核。

第十二条 在现场考核过程中，考核专家组应当详细记录考核中发现的问题和不符合项，并进行评议汇总，全面、公正、客观地撰写考核报告，提出评审意见。评审意见应当由专家考核组全体成员签字确认；有不同意见的，应当予以注明。

评审意见分为"合格"、"整改"和"不合格"三类。

第十三条 专家考核组应当在现场考核结束后 10 日内将评审意见和考核记录报中国动物疫病预防控制中心或者省、自治区、直辖市兽医主管部门。

第十四条 中国动物疫病预防控制中心应当在收到专家考核组评审意见之日起 20 日内提出考核建议，并报农业部审查。农业部应当在收到考核建议 15 日内作出考核结论。

省、自治区、直辖市兽医主管部门应当在收到专家考核组评审意见之日起 15 日内作出考核结论。

第十五条 对考核"合格"的兽医实验室，由农业部或者省、自治区、直辖市兽医主管部门颁发由农业部统一印制的兽医实验室考核合格证。

对需要"整改"的兽医实验室,申请单位应当在 3 个月内完成整改工作,并将整改报告报农业部或者省、自治区、直辖市兽医主管部门,经再审查或者现场考核合格的,颁发兽医实验室考核合格证。

对考核"不合格"的兽医实验室,应当在 6 个月后按照本办法的规定重新提出考核申请。

第十六条 申请单位对考核结果有异议的,可向农业部或者省、自治区、直辖市兽医主管部门提出复评申请。

农业部或者省、自治区、直辖市兽医主管部门原则上实行材料复评,必要时进行实地复核,提出最终考核意见。

第十七条 省、自治区、直辖市兽医主管部门应当将考核合格的地(市)级和县(市)级兽医实验室情况报农业部备案。

第十八条 兽医实验室考核合格证有效期五年。有效期届满,兽医实验室需要继续承担动物疫病诊断、监测、检测等任务的,应当在有效期届满前 6 个月内申请续展。

第十九条 取得兽医实验室考核合格证的兽医实验室,应当于每年 1 月 31 日前将上年实验室工作情况报农业部或者省、自治区、直辖市人民政府兽医主管部门。

第二十条 取得兽医实验室考核合格证的兽医实验室,实验室条件和实验能力发生改变,不再符合本办法规定的,由原发证部门责令限期整改。整改期满后仍不符合要求的,撤销其兽医实验室考核合格证。

以欺骗等不正当手段取得兽医实验室考核合格证的,由原发证部门撤销兽医实验室考核合格证。

撤销兽医实验室考核合格证的,应当予以通报。

第二十一条 县级以上兽医主管部门应当加强兽医实验室管理，对兽医实验室执行国家法律、法规、标准和规范等情况进行监督检查。

第二十二条 对工作出色或有突出贡献的兽医实验室，由农业部或者省、自治区、直辖市兽医主管部门给予表彰。

第二十三条 本办法自 2010 年 1 月 1 日起施行。

本办法施行前设立的兽医实验室，应当自本办法施行之日起12 个月内，依照本办法的规定，办理兽医实验室考核合格证。

附件 1：兽医系统实验室考核申请表（略）

附件 2：兽医系统实验室建设标准

附件 3：国家级区域兽医实验室和省级兽医实验室现场考核细则（略）

附件 4：地（市）级和县（市）级兽医实验室现场考核细则（略）

附件 2：

兽医系统实验室建设标准

为规范全国各级兽医实验室建设，特制订此标准。

1. 县（市）级兽医实验室

1.1 选址、布局、内部设施和内部环境等应当符合 BSL-1 实验室的要求。

1.2 实验室总建筑面积不低于 200 平方米。

1.3 实验室应当分别设置有：解剖室、接样室、样品保藏室、血清学检测室、病原学检测室、洗涤消毒室、档案室等。

1.4 应当配备的仪器设备有：酶标仪、自动洗板机、微量震荡器、生物安全柜、真空检测仪、普通离心机、磁力搅拌器、生物显微镜、恒温培养箱、生化培养箱、超声波清洗器、纯水仪、酸度计、高压灭菌器、普通冰箱、冰柜、恒温水浴锅、干热灭菌器、通风橱、电子天平（0.001g）、多道移液器、单道移液器、紫外灯等。

2. 地（市）级兽医实验室

2.1 选址、布局、内部设施和内部环境等应当符合 BSL-2 实验室的要求。

2.2 实验室总建筑面积不低于 300 平方米。

2.3 实验室应当分别设置有：解剖室、接样室、样品保藏室、仪器室、分子生物学检测室、血清学检测室、病原学检测室、洗涤消毒室和档案室等。

2.4 在配备县（市）级兽医实验室所应有的仪器设备基础上，还应当配备有：PCR 仪、电泳仪、凝胶电泳成像与分析系统、台式高速冷冻离心机、Ⅱ级生物安全柜、组织匀浆机、涡旋混匀器、超声波裂解器、超纯水仪、自动高压灭菌器等。

3. 省级兽医实验室

3.1 选址、布局、内部设施和内部环境等应当符合 BSL-2 实验室的要求。

3.2 实验室总建筑面积不低于 1500 平方米。

3.3 实验室应当分别设置有：解剖室、接样室、样品处理室、样品保存室、档案室、仪器室、试剂室、血清学检测室、分子生物学检测室、病毒检测室、细菌检测室、寄生虫检测室、病理学检测室、洗涤消毒室、实验准备室、菌（毒）种保藏室等。

3.4 在配备地（市）级兽医实验室所应有的仪器设备基础上，还应当配备有：梯度 PCR 仪、荧光 PCR 仪、多功能电泳仪、恒温振荡摇床、细菌过滤器、小型冻干机、小型孵化器、细菌鉴定仪、自动组织脱水机、石蜡包埋机、自动染色机、倒置显微镜、多功能显微镜、二氧化碳培养箱、全自动高压灭菌器、超低温冰箱（-86℃）、制冰机、电子天平（0.0001g）、电动移液器等。冷冻切片机、荧光显微镜、石蜡切片机、消毒液机。

4. 区域级兽医实验室

4.1 选址、布局、内部设施和内部环境等应当符合要求。

4.2 实验室总建筑面积不低于 2000 平方米，其中 BSL-3 实验室建筑面积不低于 400 平方米，基础实验室建筑面积不低于 1600 平方米。

4.3 实验室应分别设置有：解剖室、接样室、样品处理室、样品保存室、仪器室、资料室、档案室、试剂室、血清学检测室、分子生物学检测室、病毒检测室、细菌检测室、寄生虫检测室、病理学检测室、洗涤消毒室、实验器材准备室、菌（毒）种及样本保藏室、标准品制备室、高级别生物安全实验室等。

4.4 在仪器配备上，不低于省级兽医实验室的配备，确保能满足所承担的工作任务。

全国兽医卫生事业发展规划（2016—2020 年）

农业部关于印发《全国兽医卫生事业发展规划（2016—2020 年）》的通知

各省、自治区、直辖市畜牧兽医（农牧、农业）厅（局、委、办），新疆生产建设兵团畜牧兽医局：

我部组织制定了《全国兽医卫生事业发展规划（2016—2020 年）》，现印发给你们，请结合本地实际，认真组织实施。

农业部

2016 年 10 月 20 日

为贯彻落实《中华人民共和国国民经济和社会发展第十三个五年规划纲要》和《全国农业现代化规划（2016—2020 年）》，做好"十三五"时期兽医卫生工作，更好地保障养殖业生产安全、动物产品质量安全、公共卫生安全和生态安全，特编制本规划。

一、发展背景

"十二五"时期，我国兽医卫生事业继续保持良好发展势头。各级兽医部门认真贯彻落实党中央国务院决策部署，攻坚克难、奋力拼搏，高质量地完成了《全国兽医事业发展"十二五"规划（2011—2015 年）》确定的主要目标任务。国务院办公厅发布《国家中长期动物疫病防治规划（2012—2020 年）》，动物防疫工作步入规划引领、科学防治的新阶段；重大动物疫病防控部门合作、区域联防联控和应急管理机制日趋完善；全国消灭马鼻疽，基本消灭马传贫；牛肺疫无疫状态、疯牛病风险可忽略水平通过国际认可；有效防范了非洲猪瘟等外来病的传入风险；小反刍兽疫等突发疫情得到及时有效控制，高致病性禽流感、口蹄疫等重大动物疫病流行强度逐年下降，全国连续多年未发生亚洲I型口蹄疫疫情，动物疫病防控工作取得显著成效。生猪屠宰监管职责划归农业部门，打通了从养殖到屠宰卫生质量风险控制链条，理顺了监管机制；动物产地检疫和屠宰检疫更加规范，"十二五"期间全国产地检疫畜禽 526.45 亿头（只、羽），屠宰检疫畜禽 304.66 亿头（只、羽）；查处违反《动物防疫法》案件 14.83 万件；《国务院办公厅关于建立病死畜禽无害化处理机制的意见》（国办发〔2014〕47 号）正式出台，病死畜禽无害化处理长效机制建设有序推进；动物产品兽药残留抽检合格率保持在 99%以上，兽医卫生风险控制水平和动物产品质量安全监管能力大幅提高。兽药产品质量抽检合格率稳步提升，"十二五"末合格率达到94.8%，同比提高 3.7 个百分点。以官方兽医和执业兽医为主体的新型兽医制度加快推进，全国共认定官方兽医 11.05 万人、国际动物卫生证书签证兽医官 1466 人，7.67 万人获得执业兽医资格。在全体兽医工作者的共同努力下，我国兽医卫生事业又迈上了一个大台阶。

"十三五"时期，我国经济建设、政治建设、文化建设、社会建设和生态文明建设将站在更高的起点上，世情、国情、农情将继续发生深刻变化，兽医卫生工作处于新的发展环境。一方面，我们需要审慎面对多重挑战。一是动物疫病防控形势并不乐观。

重大动物疫病在部分地区呈点状散发态势，一些人畜共患病仍呈地方性流行特点。国际动物和动物产品贸易活跃，边境地区动物和动物产品走私屡禁不止，外来动物疫病传入风险持续存在。养殖规模化程度较低、活畜禽长途调运、现宰现食等养殖、流通和消费方式严重制约动物疫病防治水平的提升。二是动物产品质量安全风险管理难度加大。从养殖到屠宰链条长、环节多，以药物残留为代表的化学性风险和以人畜共患病为代表的生物性风险并存，难防范、难管理。三是兽药行业小散乱差现象同时存在。企业数量多、规模小，创新能力不强，产业集中度低、产能利用不足、产品同质化严重。假冒伪劣与生产经营使用不规范问题交织，市场秩序需进一步规范。四是屠宰行业转型升级任重道远。规模以上屠宰企业仅占20%。行业产能严重过剩，多数屠宰企业实际屠宰量远低于设计产能。收费代宰现象普遍。私屠滥宰、屠宰病死猪、注水、注入瘦肉精等违法行为严重干扰正常市场秩序，危害动物源性食品安全。另一方面，社会各界对兽医卫生工作提出更高要求的同时，对其重要性的认识理解也更加深入，我们已经积聚了多种推动兽医卫生事业发展的基础势能。"同一个世界，同一个健康"理念深入人心。以《动物防疫法》《进出境动植物检疫法》为核心，以《重大动物疫情应急条例》《兽药管理条例》《病原微生物实验室生物安全管理条例》《生猪屠宰管理条例》《进出境动植物检疫法实施条例》为骨干的兽医法律体系基本形成。兽医行政管理、技术支撑、动物卫生监督和兽医药品监察工作体系相对健全。兽医工作财政支持保障政策体系逐步优化，强制免疫、扑杀、无害化处理补助制度不断完善，兽医工作人力物力财力保障机制初步建立。综合判断，兽医卫生事业发展正处于可以大有作为的重要战略机遇期。

在全面建成小康社会的决胜阶段，做好兽医卫生工作，我们必须一手积极应对风险挑战，一手牢牢把握科学发展的主动权。必须增强机遇意识和忧患意识，主动适应环境变化，有效化解各种矛盾。必须更加准确把握"保障养殖业生产安全、动物产品质量安全、公共卫生安全和生态安全"的兽医卫生工作新定位。必须在突出服务和促进养殖业转型升级的基础上，以改革精神和法治思维，谋划破解发展难题。必须更加自觉地汇聚各方力量，加快构建科学高效的全链条兽医卫生风险防范控制体系、功能完备的兽医卫生监管体系和社会化服务体系、企业主体责任与政府监管责任协同促进的有效管理格局，努力促进兽医卫生治理体系和治理能力现代化，加快推动兽医卫生事业取得新突破、实现新发展。

二、指导思想、基本原则与发展目标

（一）指导思想

全面贯彻落实党的十八大和十八届三中、四中、五中全会精神，以马克思主义、毛泽东思想、邓小平理论、"三个代表"重要思想、科学发展观为指导，深入贯彻习近平总书记系列重要讲话精神，坚持四个全面战略布局，以"五大发展理念"为引领，以推动兽医事业科学健康发展为目标，以"防风险、保安全、促发展"为主线，推动形成更加成熟的制度体系、更加健全的机构队伍、更加完善的财政保障机制，更好地利用国内国际两个市场、两种资源，强化从养殖到屠宰全链条兽医卫生风险管理，防范外来动物疫病传入风险，提高动物疫病和对人群健康危害较大的主要人畜共患病的防治能力，为保障养殖业生产安全、动物产品质量安全、公共卫生安全和生态安全，促进农业农村经济平稳较快发展作出新贡献。

（二）基本原则

——坚持把全面提高从养殖到屠宰全链条兽医卫生风险控制能力作为主攻方向。加强动物养殖、移动、屠宰等关键环节管理，强化从养殖到屠宰全链条兽医卫生风险追溯监管。科学防范、有效控制、高效管理动物疫病风险和动物产品质量安全风险。

——坚持把全面改革创新作为根本动力。以有效提供公共服务、全面提升社会化服务水平为导向，深化兽医管理体制改革，加快兽医卫生制度创新和科技创新，形成公共机构与管理服务对象共同促进兽医卫生事业发展的新机制。

——坚持把全面提升兽医体系效能作为核心任务。整合政府与市场资源，强化人财物综合保障能力，构建结构完善、分工合理、权责清晰、运转高效的兽医体系，提高兽医工作科学决策能力、技术支撑能力、监督执法能力和服务生产能力。

——坚持把全面促进产业发展作为关键举措。在充分发挥市场机制作用、严格遵循产业发展规律的基础上，优化市场环境，维护市场秩序，激活各类生产要素，推动产业创新发展和转型升级，提高兽药产业和屠宰产业的国际竞争力。

——坚持把全面构建社会共治格局作为重要抓手。创新管理方式，处理好政府与市场、中央与地方关系。深化行政审批改革，加强市场活动监管，营造公平公正市场环境。加强对养殖屠宰生产经营主体的监管与服务，促进行业自律机制建设，监督引导生产经营主体落实主体责任。加快构建政府主导、部门协作、社会参与和以生产经营者为责任主体的动物疫病防治体系和动物源性食品安全管理体系，提高社会共治能力和水平。

（三）发展目标

——兽医事业发展保障措施更加有力。基础设施和机构队伍更加健全，法律法规标准规范体系更加完善，兽医公共财政投入机制更加稳定，兽医领域国际交流合作更加深入，科技支撑能力和兽医社会化服务水平显著提高。

——动物疫病防治能力显著增强。16 种优先防治的国内动物疫病达到《国家中长期动物疫病防治规划（2012—2020 年）》提出的考核标准。13 种重点防范的外来动物疫病传入和扩散风险有效降低，外来动物疫病以及对人群健康危害较大的人畜共患病防范和处置能力明显提高，动物发病率、死亡率和公共卫生风险显著降低。

——从养殖到屠宰全链条兽医卫生监管能力大幅提高。活畜禽长距离大范围调运逐步规范。病死畜禽无害化处理机制不断完善。畜禽产品兽药残留检测合格率超过 97%，动物源主要耐药菌增长率得到有效控制。屠宰行业基本实现分级分类管理，产业集中度进一步提高，动物源性食品安全保障能力大幅提升。

——兽药行业和畜禽屠宰行业健康发展。兽药产业集中度和竞争力进一步提升，中型以上生产企业占比超过 70%，产能利用率提高 10% 以上。"十三五"末兽药产品质量抽检合格率稳定在 95% 以上。规模以上生猪屠宰企业屠宰量占比超过 80%，生猪代宰率下降 10% 以上，生猪屠宰场点"小、散、乱"状况得到基本改善。

三、重点任务

（一）深化兽医管理体制机制改革

1. 健全完善兽医工作体系。深入贯彻中央关于全面深化改革的战略部署，在巩固《国务院关于推进兽医管理体制改革的若干意见》（国发〔2005〕15号）取得成果的基础上，稳定和发展兽医行政管理、动物疫病预防控制、动物卫生监督、兽医药品监察、畜禽屠宰等行业管理机构队伍。建立兽医体系效能评估机制，出台兽医体系效能评估管理办法和兽医机构条件能力建设标准，确立优先发展事项和重点建设任务。根据法律规定，遵循事权和支出责任相适应的原则，加强兽医机构核心能力建设，科学合理配置人力物力财力资源，筑牢兽医体系提供动物疫病风险防治和动物产品质量安全监管等公共服务的平台基础。

2. 调整理顺兽医机构关系。省市县三级，重点理顺监督执法与技术支撑机构之间的关系，建立兽医卫生信息通报、资源共享协作机制；乡镇一级，重点统筹基层监督执法力量、防疫监管力量和兽医服务力量，形成动物疫病预防控制与动物检疫、动物卫生监督执法相互支持，兽医公共管理与社会化服务相互促进的工作格局。

3. 着力加强兽医队伍建设。持续推进新型兽医制度建设，突出质量导向，扩大和充实官方兽医与执业兽医队伍；兼顾实际需求，管好和放活乡村兽医与村级防疫员队伍。研究调整官方兽医资格认定范围，实施新一轮官方兽医培训规划。加强执业兽医管理，完善准入制度和兽医职业道德规范，严格兽医执业条件要求，优化执业兽医队伍发展环境，引导符合条件的乡村兽医向执业兽医发展。加强兽医学历教育与兽医继续教育的有机衔接，促进兽医队伍持续提高专业技能。

4. 大力推动兽医社会化服务体系发展。建立完善生产经营者履行主体责任、政府依法监管和社会广泛参与的兽医社会化服务管理机制。综合运用畜牧兽医扶持补贴政策和金融保险杠杆等市场化手段，引导社会力量进入兽医服务领域。推动提高基层兽医服务组织化水平。鼓励养殖和兽药生产经营企业、动物诊疗机构及其他市场主体成立动物防疫服务队、合作社等多种形式的服务机构，规范整合村级防疫员资源，向养殖场户提供高质量的免疫、诊疗、用药等专业化兽医卫生服务。提高动物防疫补助使用效率，推广"政府购买服务"，探索将兽医公益性服务交由具有资质、具备能力的兽医专业服务组织和其他市场主体承担。鼓励动物诊疗机构开展标准化建设、实行连锁式经营。探索通过"互联网+"、移动诊疗等方式，扩大兽医诊疗服务半径，提高服务质量。支持兽医行业组织发挥桥梁纽带作用，促进资源整合、行业自律、专业服务和权益维护，为兽医事业发展注入新动力、增强新活力、拓展新空间。

（二）加强兽医卫生法治建设

1. 完善兽医卫生法律规范体系。遵循兽医队伍建设规律、动物疫病和人畜共患病防治规律、养殖屠宰加工业发展规律，立足现状，借鉴国际成熟经验，加快兽医人员管理立法，开展《动物防疫法》《生猪屠宰管理条例》《兽药管理条例》修订工作。健全法律法规配套标准，完善技术规程和标准体系，为规范开展兽医卫生公共管理和社会化服务工作提供法律保障。

2. 构建基层综合执法体系。大力推行基层综合执法，全面履行畜牧兽医部门法定职责。重点以县级动物卫生监督机构为依托，整合畜牧兽医执法队伍，统一行使动物防疫检疫、种畜禽、饲料、兽药、畜禽屠宰、生鲜乳、兽医实验室生物安全、动物诊疗机构和兽医从业人员监督执法等职责，逐步实现执法人员统一管理，执法力量统一调度。明确细化综合执法机构职能,完善执法委托手续,确保执法行为合法有效。充实综合执法人员力量,提高执法装备水平,加强防疫检疫执法、应急处置等职业人员的生物安全防护,推动建立条件能力与执法任务相匹配的保障机制。

3. 构建兽医普法宣传教育机制。强化兽医系统学法用法宣传教育,增强权力法定、权责一致意识。落实"谁执法谁普法"的普法责任制,切实加强对管理相对人的法治宣传,督促其履行动物防疫和动物产品质量安全主体责任。健全普法工作机制,综合运用传统媒体和新媒体,定期开展兽医法制宣讲和主题教育活动,扩大宣传教育的覆盖面和渗透力,形成管理服务对象和利益相关方积极参与兽医法治建设的良好氛围。

(三)提高动物疫病防治能力

1. 有计划地控制净化重点病种。深入贯彻《国家中长期动物疫病防治规划(2012—2020 年)》,按照分类指导的原则,根据生物学特点和流行病学规律,制定实施优先防治动物疫病的防治计划和指导意见。在口蹄疫和高致病性禽流感防治中,继续实施强制免疫、监测净化等综合防治措施。在布鲁氏菌病防治中,强化区域化管理,突出抓好免疫监测和风险评估工作,严格动物移动管理,推进养殖场和重点养殖区监测净化。在奶牛结核病防治中,采取风险评估、移动控制与检疫扑杀相结合的防治措施,强化奶牛健康管理。在狂犬病防治中,重点加强免疫和疫情监测,协调促进犬类登记管理。在血吸虫病防治中,以控制牲畜传染源为重点,实施农业综合治理。在包虫病防治中,落实驱虫、免疫等预防措施,加强检疫和屠宰管理。在高致病性猪蓝耳病、猪瘟、新城疫、沙门氏菌病、禽白血病、猪伪狂犬病和猪繁殖与呼吸综合征防治中，强化种源监测净化。维持马鼻疽全国无疫状态，到2020 年力争全国消灭马传染性贫血。深入实施《全国小反刍兽疫消灭计划（2016—2020 年）》，力争到 2020 年，除毗邻小反刍兽疫疫情国家的陆地边境县（团场）或沿边境线 30 公里范围内的免疫隔离带以外，全国其他地区达到非免疫无疫区标准。

2. 防范外来动物疫病传入风险。坚持疏堵结合，重点防范非洲猪瘟、牛海绵状脑病等《国家中长期动物疫病防治规划（2012—2020 年）》确定的外来动物疫病。协作加强进口风险评估、入境检疫等关键环节管理。完善境外无规定动物疫病区评估认可机制。创新跨境动物疫病防控模式，完善边境口岸动物防疫安全屏障、外来病监测网络，建立边境免疫带和风险控制区，健全监测巡查制度，协作开展野生动物传播外来动物疫病的风险监测，全面提高外来动物疫病风险预警和风险防范能力。

3. 强化动物疫病综合防治能力。一是实施种畜禽场疫病净化策略。按照"政府引导、企业参与"的原则，调动各方面力量参与推进种畜禽场疫病净化。出台种畜禽重点疫病净化标准，定期发布无特定病原场（群）名录、种畜禽场疫病监测情况。探索种畜禽场净化评估与市场准入相衔接制度，逐步建立种畜禽场疫病净化长效机制。二是严格养殖场所动物疫病风险管理。深入推进标准化规模养殖。健全生物安全隔离区（无规定动物疫病企业）建设标准，完善相关评估制度。综合利用金融保险杠杆，结合养殖补贴等项目和动物防疫条件管理，支持符合条件的企业建设无规定动物疫病生物安全隔离区。出台差异化流通监管措施，促进形成养殖场所持续改善生物安全措施的内生动力机制。三是深化无规定动物疫病区建设。完善无疫区管理制度，支持有条件的地区开展无疫区建设。加强区域内动物疫病监测、动物卫生监督、防疫屏障和应急反应体系建设，优化流通控制模式，加强易感动物调入监管。健全完善评估验收工作机制。鼓励已通过评估验收的无疫区增加规定动物疫病病种。在巩固现有无规定动物疫病区建设成果的基础上，推动区域化管理在更大范围实施、向更高水平跨越。四是提升动物疫病监测预警处置能力。重点强化市县级及以下动物疫病预防控制机构监测、诊断能力。优化监测和流行病学调查措施，增强动物疫病监测诊断信息采集传递的及时性、分析应用的科学性。加强动物疫病应急管理，完善应急预案，健全各级应急预备队，探索建立与养殖业保险相结合的动态调整的动物扑杀补助标准机制，合理配置应急资源，全面提升突发动物疫情应急处置能力和水平。

（四）加强动物产品质量安全风险管理

1. 严格养殖环节兽医卫生风险管理。建立养殖场所兽医卫生风险分级制度，强化高风险动物饲养场所监管。实行畜禽免疫、投入品使用、调入调出、死亡及无害化处理等情况的痕迹化管理，严格年度动物防疫情况报告制度。贯彻落实《遏制细菌耐药国家行动计划（2016—2020 年）》，开展全国兽药（抗菌药）综合治理五年行动，深入治理滥用兽用抗菌药及生产经营使用非法兽药问题。加强药物饲料添加剂管理，减少亚治疗浓度的预防性用药，禁止人用重要抗菌药在养殖业中的使用。实施兽用处方药与非处方药分类管理制度、兽药安全使用规定及休药期制度，提高养殖安全用药水平。

2. 严格动物移动环节兽医卫生风险管理。鼓励加强畜禽贩运经纪人管理。推动实施基于监督管理和动物疫病监测的产地检疫出证制度。建立活畜禽移动控制与动物疫病监测结合促进机制，强化调出地"准出"与调入地"准入"联动监管，规范活畜禽跨地区流通行为，限制活畜禽由动物疫病高风险区向低风险区调运。出台检疫申报受理规范，加强向无规定动物疫病区、无规定动物疫病在建区输入活畜禽的风险控制。严格实行输入地检疫审批制度和隔离检疫制度。出台乳用动物、种用动物和精液、卵、胚胎供体动物健康标准。严格乳用动物、种用动物检疫审批，落实跨省引进乳用动物、种用动物及其精液、胚胎、种蛋落地报告和隔离检疫制度。明确合法捕获野生动物、经济动物、比赛类动物和实验动物的检疫要求。根据畜禽养殖分布情况，优化屠宰产业布局，推动畜禽集中屠宰。完善肉品冷链物流体系。鼓励采取电子交易等方式，促进屠宰场与养殖场直接对接交易，降低活畜禽流通引发的动物疫病传播扩散风险和动物产品卫生安全风险。

3. 严格屠宰环节兽医卫生风险管理。出台屠宰企业风险分级管理规范，落实屠宰企业质量安全主体责任，推行生猪屠宰良好操作规范制度和危害分析与关键控制点管理制度，严格从生猪入场到肉品出场全过程质量控制。强化生猪屠宰监管执法，严厉打击私屠滥宰、屠宰病害猪，注水或注入其他违禁物质等违法犯罪行为，降低屠宰环节质量安全风险。

4. 建立完善病死畜禽无害化处理机制。落实《国务院办公厅关于建立病死畜禽无害化处理机制的意见》，坚持统筹规划与属地管理相结合、政府监管与市场运作相结合、财政补助与保险联动相结合、集中处理与自行处理相结合，加快建立覆盖饲养、屠宰、经营、运输等各环节的病死畜禽无害化处理体系。按照"谁处理、补给谁"的原则，推动建立与养殖量、无害化处理率相挂钩的财政补助机制。深化无害化处理与养殖业保险联动机制建设。引导支持社会力量参与病死畜禽无害化处理体系建设和运营，促进病死畜禽资源化利用。落实生产经营者主体责任、地方政府和有关部门监管职责，建立部门间监管联动机制，严厉打击随意抛弃病死畜禽、加工制售病死畜禽产品等违法犯罪行为，确保病死畜禽基本实现无害化处理。

（五）推动兽药产业转型升级

1. 创新兽药管理制度。加强知识产权保护，改革兽药产品批准文号管理制度，提高技术审查标准。修订兽药注册办法，调整不同类别兽药注册要求，建立符合中兽药特点的注册制度。科学设定宠物用药质量标准与食品动物用药质量标准。实施兽药临床研究和非临床研究质量管理规范。完善新兽药安全评价标准，严格兽药上市前风险评估。建立不良反应监测和报告体系，加强对有潜在安全风险兽药品种的安全性监测和再评价工作。形成鼓励创新、促进产品质量提高的兽药评审工作机制。

2. 优化兽药产业结构。建立市场准入和退出机制，鼓励企业兼并重组，提高兽药产业集中度，遏制低水平重复建设势头。修订兽药生产经营质量管理规范，提高兽药生产经营技术门槛，淘汰生产工艺落后和质量安全隐患大的兽药产品。改革完善强制免疫疫苗定点企业管理制度。加大兽用抗菌药安全风险评估力度，加快淘汰高风险品种。支持研发新型抗感染药物、动物专用原料药及制剂、安全高效的多价多联疫苗、新型标记疫苗及兽医诊断制品、宠物和水产用疫苗。逐步压减转瓶培养方式、粉散预混剂等简单剂型生产能力。鼓励生产技术、生产工艺创新。重点发展高密度培养、浓缩纯化、基因工程等疫苗生产研制技术。加快发展宠物、牛羊、蜂蚕以及水产养殖用动物专用药，微生态制剂及低毒环保消毒剂。支持利用现代先进技术开发佐剂、浇泼剂（透皮剂）、缓释、控释剂、靶向、粘膜给药制剂。

3. 营造良好兽药市场环境。支持兽药连锁经营，加快构建现代兽药物流体系。加强互联网兽药经营管理，促进兽药电子商务规范发展。严格管理抗菌药物原料药的销售渠道，禁止抗菌药物网络销售。加强诚信体系建设，建立兽药研发、生产和经营企业信用记录，实施基于企业信用评价的差别化监管制度，建立失信企业惩戒机制。落实企业兽药质量安全主体责任，建立经营企业重点监控制度，规范兽药生产经营活动，保障兽药质量安全。

4. 加强标准化建设。规范兽药标准管理，建立兽药质量标准评价和淘汰机制，完善兽药质量标准体系。实施兽药标准提升行动，提高标准的科学性、先进性和适用性。以禁用兽药和人用抗菌药为重点，加大兽药特别是中兽药中非法添加其他成分检测方法标准制订力度。支持原辅材料控制、无特定病原体（SPF）鸡（胚）病原微生物检测方法、标准试剂研究。加强兽药标准物质管理，建立兽药标准物质审核制度，实施兽药标准物质与兽药注册准入关联审批。鼓励科研机构和生产企业参与标准物质研发制备工作，提升兽药标准物质的供应能力。

5. 提高技术支撑能力。完善兽用生物制品检测体系，提高兽用生物制品质量监控能力。支持兽医诊断制品标准化、规范化生产。加大残留检测技术研究力度，完善兽药残留限量标准，支持兽药残留高通量快速检测技术研究与推广。制定兽药风险评估和安全评价技术规范。科学布局全国动物源细菌耐药性监测点，加强动物源细菌耐药性监测和风险评估，完善国家动物源细菌耐药性监测数据库。建立兽药中非法添加物检测平台,提高兽药非法添加其他成分检测能力。

(六)促进生猪屠宰行业健康发展

1. 优化屠宰产业布局。遵循市场规律,引导屠宰企业合理布局。以推进集中屠宰、品牌经营、冷链流通、冷鲜上市为主攻方向,推动屠宰行业转型升级。鼓励兼并重组,培育屠宰加工龙头企业。支持养殖屠宰加工融合发展,推动建立屠宰企业与上下游产业利益联结机制,促进大型屠宰企业开展屠宰、加工、配送、销售一体化经营。鼓励屠宰企业扩大协议养殖和自养规模,减少畜禽长途运输。

2. 完善屠宰准入退出机制。加强生猪和少数民族地区牛羊屠宰准入管理,推行屠宰质量管理规范(GMP)制度,加快淘汰手工和半机械化小型屠宰场点,坚决关闭不符合法定条件的屠宰企业。强化生猪屠宰企业环境影响评价,加大现有屠宰企业环境治理力度。加强肉品品质检验人员资质管理。严格代宰条件,规范代宰行为,推动屠宰企业自营化发展。

3. 转变屠宰行业发展方式。推进生猪屠宰标准化生产,引导屠宰企业标准化改造,提高屠宰机械化、自动化、标准化、清洁化、智能化生产水平。加快技术升级和产业转型,培育一批以大中城市为销售重点的区域性肉品加工配送企业。完善肉品质量安全管理体系和可追溯体系,实施屠宰企业品牌化战略。实行肉品分类分级制度,鼓励大型屠宰加工企业开展跨国经营。

4. 规范屠宰行业发展秩序。建立"地方政府负总责、监管部门各负其责、企业为第一责任人"的质量安全责任体系。强化屠宰行业管理和监督执法能力建设。健全屠宰企业日常监管和定期巡查制度。加强生猪等畜禽屠宰统计监测，及时发布屠宰统计信息。严格落实屠宰检疫、肉品品质检验和"瘦肉精"等风险物质检测制度。监督代宰企业执行屠宰操作规范和质量安全标准。健全应急处理机制，有效预防、妥善应对屠宰环节质量安全突发事件。

（七）强化兽医科技创新能力

1. 完善兽医科技管理机制。坚持把服务和促进兽医卫生事业健康发展作为兽医科技工作的出发点和落脚点，以保障兽医卫生安全为导向，优化兽医科技管理工作机制。加强各级各类兽医教学科研单位、技术支持服务机构信息交流共享，强化各级各类兽医实验室的沟通协作。促进建立以解决实际问题、加快科技创新为导向的科研成果评价机制。推动建立协同创新平台，促进产学研紧密结合，加快形成多元化、多渠道、多层次的科研经费投入保障机制。

2. 强化兽医科技创新推广能力建设。强化中国动物疫病预防控制中心、中国兽医药品监察所、中国动物卫生与流行病学中心等技术支撑单位的能力建设。完善兽医重点实验室设施，改善兽药标准物质、生物制品和化学药品工程技术等基础研究条件。合理布局兽医参考实验室、专业实验室，促进外来动物疫病研究、动物疫病综合防治技术研究和畜禽产品安全保障技术研究。统筹利用各级各类兽医科技资源，开展先进适用技术推广示范，促进兽医科技成果转化应用。

3. 突出兽医科研重点。坚持需求导向，系统研究重点动物疫病病原学、流行病学、致病与免疫机制，新发病的诊断和防控技术，新型疫苗药物、高通量快速诊断技术，以及净化根除关键技术、动物疫病监测预警新型技术、动物源性产品致病微生物监测技术、非兽药类添加物危害识别技术、肉品品质检测技术、从养殖到屠宰全链条风险追溯管理技术。鼓励开展细菌耐药分子流行病学和耐药机制研究，支持耐药菌感染快速诊断技术、动物专用抗菌药物和可替代抗菌药物环境污染控制研究，促进动物疫病控制和动物源性食品安全保障能力全面提升。

（八）构建全链条兽医卫生监管服务信息化体系

1. 统筹规划信息化体系。坚持资源共享、信息互通，以"情况可掌握、来源可追溯、去向可追踪、责任可追究"为目标，以中央平台为核心、省级平台为支撑，以基层兽医工作人员、养殖加工企业等各方广泛参与的信息采集终端为基础，集合对接畜牧兽医信息资源，构建从养殖到屠宰全链条兽医卫生风险追溯监管信息体系，形成以动物生命周期为主线，全面及时准确采集、传输、分析、应用动物疫病和其他兽医卫生数据信息的制度体系和运行机制，实现关键环节数据信息资源的融合利用，提升兽医卫生风险监测分析、预测、预警管理效能。

2. 加强关键系统建设。建立动物疫病防控信息管理、预警预测和应急指挥系统，提升动物疫病防控决策能力。完善动物标识及动物产品追溯系统及进境动物检疫管理系统，健全电子检疫证明网络体系，推广电子标识等物联网技术，实现防疫检疫监督工作信息化。建立全国兽药检验技术信息数据管理平台。加强国家兽药基础信息平台和国家兽药产品追溯系统建设，实现兽药质量安全可追溯。健全兽医人员管理、官方兽医培训考核、执业兽医资格考试等应用系统，提高兽医从业人员职业行为管理能力。推进全国屠宰行业管理系统建设，动态监测屠宰企业基本信息，逐步实现对屠宰企业的在线可视化管理。

3. 健全标准规范体系。建立兽医卫生公共管理服务数据信息规范体系，实现各类公共机构数据信息共享。完善信息平台、交换接口等关键技术标准，促进公共机构与市场主体数据资源的关联对接和融合利用。完善信息化建设运行管理规章制度，加强日常安全运行维护管理，保障兽医行业信息化建设有序开展。

四、保障措施

（一）加强党的领导

各级兽医部门要切实加强党的领导，坚持把落实全面从严治党责任和推进中心工作紧密结合，做到一同谋划、一同部署、一同考核。坚持把规划落实和制度建设紧密结合，做到配套衔接、彼此呼应、相互促进。要切实增强制度执行力，做到用制度管权管事管人。深入推进党风廉政建设，强化纪律约束，规范权力行使，加强对各级兽医部门领导干部的监督。不断加强作风建设，突出责任担当，在抓常抓细抓落实上下功夫，及时兑现向群众做出的承诺，及时发现、及时解决规划执行中遇到的问题，真正把党的政治优势转化成推进兽医卫生健康发展的强大动力。

（二）加强协作配合

加强与质检总局、卫生计生委等有关部门协作，按照职能分工抓好规划的组织落实。农业部将规划明确的重点任务纳入加强重大动物疫病防控延伸绩效管理指标体系，推进规划实施。各级兽医部门结合本地实际，制定本地区年度工作计划，明确任务目标，细化工作措施，确保规划落到实处。

（三）加强财政金融支持

积极争取有关部门支持，健全兽医工作财政支持保障机制。

落实国家动物防疫支持政策，健全强制免疫和强制扑杀病种的进入和退出机制，优化强制免疫、扑杀和无害化处理补助政策。加强动物疫病防治、兽医卫生监管基础设施建设，引导社会资本投向兽医社会化服务领域。加强与银行、保险等机构合作，建立财政投入与金融保险、社会资本组合利用，兽医卫生工作与金融服务互相促进的新机制。鼓励发展养殖业保险，提高动物疫病风险防范能力。支持金融机构创新金融服务，加大对养殖、屠宰、兽药生产经营的信贷投放，为养殖屠宰加工贸易融合发展创造良好的融资环境。

（四）加强国际交流合作

坚持统筹国内兽医事业发展与积极参与全球兽医卫生治理体系建设相结合，强化专业技术支撑，加强人才队伍培养，提高我国参与国际兽医卫生标准制修订能力。立足我国实际，吸收借鉴国际经验，转化应用先进、成熟的国际标准规则。强化双边多边交流合作，开拓兽医领域对外开放的广度和深度，促进兽医相关产业"走出去"。创新跨境动物疫病联防联控机制，促进周边国家和地区动物卫生风险管理能力共同提升，有效降低动物疫病传入风险。

（五）加强宣传引导

综合利用传统媒体和新媒体，搭建现代化宣传平台，利用各种渠道加强兽医卫生工作宣传。普及兽医卫生科学知识，强化对兽医从业者等易感人群的宣传教育，提升社会各界动物疫病防治和兽医公共卫生防护意识。强化突发事件舆论引导，及时回应人民群众对重大动物疫情、重点人畜共患病和动物源性食品安全的关切，努力为兽医卫生事业发展营造更好的舆论环境。

辽宁省兽医管理条例

(1999 年 11 月 25 日辽宁省第九届人民代表大会常务委员会第十二次会议通过；根据 2014 年 1 月 9 日辽宁省第十二届人民代表大会常务委员会第六次会议《关于修改部分地方性法规的决定》修正)

第一章 总 则

第一条 为了加强兽医队伍建设，规范兽医活动，保障兽医的合法权益，促进畜牧业发展，结合我省实际，制定本条例。

第二条 本条例所称兽医是指依法取得兽医资格并直接从事动物防疫、防疫监督、诊断、治疗、去势术、接产术、胚胎移植术、人工授精、疾病防治咨询、传染源的无害化处理、为含药饲料提供药物处方等兽医活动的人员。

兽医分为执业兽医和执业助理兽医。

第三条 凡在我省行政区域内从事兽医活动的单位和个人，必须遵守本条例。

第四条 省人民政府畜牧兽医行政主管部门主管全省兽医的监督管理工作。市、县（含县级市、区，下同）人民政府畜牧兽医行政主管部门负责本行政区域内兽医的监督管理工作。

第五条 兽医应当熟知并遵守有关动物防疫、兽药管理法律、法规、规章，依法执业。

兽医依法履行职责受法律保护。公安、财政、税务、物价等有关部门应当按照各自的职责予以配合。

第六条 兽医执业单位必须建立、健全兽医劳动安全卫生制度，依法参加社会保险。

兽医因工伤残或者患国家和省规定的职业病，享受国家和各级人民政府规定的社会福利。

第七条 兽医可依法组织和参加兽医协会。

第二章 资格和注册

第八条 实行兽医执业注册管理制度。取得兽医资格的，可以向当地县以上畜牧兽医行政主管部门申请注册，并取得兽医执业证书。

兽医执业证书由省畜牧兽医行政主管部门负责统一监制。法律、行政法规另有规定的，从其规定。

未取得兽医执业证书的，禁止从事兽医活动。

禁止伪造、涂改兽医执业证书。

第九条 具有下列情形之一的，不予注册：

（一）刑事处罚期满后未经考试合格的；

（二）受注销、吊销兽医执业证书处罚，自注销、吊销决定之日起至申请注册之日止不满二年的；

（三）不在从事兽医活动合法单位工作的；

（四）患有人畜共患病的。

第十条 具有下列情形之一的，注销注册，废止兽医执业证书：

（一）死亡、依法被宣告失踪的；

（二）受刑事处罚的；

（三）受吊销兽医执业证书行政处罚的；

（四）暂停执业活动期满后，经考核仍不合格的；

（五）中止兽医执业活动一年以上的；

（六）逾期未申请重新注册的。

第十一条 注销注册的，兽医资格同时取消。再次申请的执业注册前，必须重新获取兽医资格。

本条例第十条规定的情形消失或者取得兽医资格一年以上申请执业注册的，必须经当地县以上畜牧兽医行政主管部门审核同意后，方可准予注册。

第十二条 兽医变更注册的执业地点、执业类别和执业范围等规定内容的，必须到原注册管理部门办理变更注册手续。

第三章 执业单位管理

第十三条 兽医必须在与兽医活动有关并具备相应条件的单位执业。

专职从事去势术、接产术、胚胎移植术、人工授精、疾病防治咨询、传染源无害化处理、为含药饲料提供药物处方等兽医活动的兽医，可以依托当地兽医协会从事相应的兽医活动。

第十四条 在动物防疫机构、组织和动物防疫监督机构中，执业兽医必须占总人数的80%以上。动物防疫机构、组织应当具有符合规定条件的实验室。动物防疫监督机构应当具备符合国家和省规定的从事监督执法的条件。

动物防疫和动物防疫监督机构应当通过省畜牧兽医行政主管部门资格认证；动物防疫组织应当通过当地的市畜牧兽医行政主管部门的资格认证。未通过资格认证的，不得从事动物防疫或者动物防疫监督等有关兽医活动。

第十五条 动物诊疗单位应当具备下列执业条件：

（一）具有执业兽医 3 人以上；

（二）具有固定的营业地点，并应距动物饲养，交易场所 1000 米以上，不影响居民正常生活；

（三）具有国家和省规定的与动物诊疗活动相适应的场所、设施和各项管理制度及措施。

第十六条 动物养殖场等单位内部设置的兽医室应当具备下列执业条件：

（一）具有执业兽医；

（二）具有国家和省规定的与动物防疫、诊疗活动相适应的场所、设施和各项制度及措施。

第十七条 动物诊疗单位的设置，应当按照有利于动物防疫、方便诊疗和合理配置诊疗资源的原则，统筹规划，合理布局。

从事动物诊疗活动的，必须向县以上畜牧兽医行政主管部门提出申请，经市以上畜牧兽医行政主管部门验收合格，领取省畜牧兽医行政主管部门监制并核发的动物诊疗许可证。

未取得动物诊疗许可证的，禁止从事动物诊疗活动。

变更动物诊疗许可证规定内容的，必须办理变更手续。

禁止伪造、涂改、出租、转让动物诊疗许可证。

第十八条 乡级动物防疫组织是国家设在基层的事业单位，受县畜牧兽医行政主管部门和乡人民政府的双重领导。

乡级动物防疫组织编制内人员经费和业务经费，应当纳入县或乡财政预算，保证足额到位。

任何单位不得以任何借口向乡级动物防疫组织摊派支出或提留。禁止非法拍卖、转租、侵占、平调财产。不得调入非专业技术人员。

第十九条 乡级动物防疫组织根据工作需要，经所在地县畜牧兽医行政主管部门同意，可以在所辖村选聘符合规定条件的兽医，依法从事有关的动物防疫和一般诊疗服务等兽医活动。

第二十条 动物防疫机构和经省以上畜牧兽医行政主管部门指定的单位，是对动物疾病诊断、动物产品染疫定性和用药合理性审定的技术鉴定单位。最终诊断、定性和审定的单位，由省以上畜牧兽医行政主管部门确定。

第四章　执业规则

第二十一条 兽医执业单位必须依法从事兽医活动，非兽医执业单位不得从事兽医活动。

兽医必须按照兽医执业证书规定的执业地点、类别和范围等内容执业。具体执业类别、范围和规范由省畜牧兽医行政主管部门规定。

兽医依法从事动物防疫、防疫监督活动时，任何单位或者个人不得妨碍、拒绝。

第二十二条 从事动物诊疗活动的，必须使用省有关部门统一监制的病志记录、处方签、专用收据。

动物诊疗单位不得收治省以上畜牧兽医行政主管部门确定的疫病动物，禁止使用预防兽用生物制品。

动物养殖场等单位内部设置的兽医室不得对外从事兽医活动。

第二十三条 从事兽医活动的，发现患有或者疑似国家规定的一、二、三类疫病和当地新发现的疫病动物时，必须在 24 小时内向当地畜牧兽医行政主管部门或者动物防疫、防疫监督机构报告，并应当采取有效防制措施。

法律、行政法规授权以外的任何单位，不得通过媒体向社会公布动物疫情。

第二十四条 使用精神药品、毒性药品、麻醉药品和从事动物防疫、防疫监督、诊疗等兽医活动，必须由兽医本人在现场进行，并及时、如实地按照规定填写、签署有关证明、文书和资料。

禁止隐匿、伪造、转让、销毁前款规定的证明、文书和资料。

禁止出具与自己执业类别不相符以及与执业范围无关的证明、文书和资料。

第二十五条 遇有自然灾害、疾病流行等紧急情况，兽医必须服从当地县以上畜牧兽医行政主管部门的调遣。兽医所在单位不得妨碍、拒绝。

第五章　培训考核和监督

第二十六条 县以上畜牧兽医行政主管部门应当制定有关兽医业务继续教育规划和年度培训计划，并组织实施。

从事兽医活动的单位，应当按照畜牧兽医行政主管部门的规划和计划，保证继续教育的实施。

第二十七条 县以上畜牧兽医行政主管部门应当对兽医进行年度考核。具体考核办法由省畜牧兽医行政主管部门制定。

经考核不合格的兽医，可以暂停执业活动一个月至三个月，并对其进行培训。

暂停执业活动期满的，必须经负责注册的畜牧兽医行政主管部门再次考核，合格的方可继续执业。

第二十八条 兽医监督员由县以上畜牧兽医行政主管部门按照规定条件选聘。兽医监督员证由省畜牧兽医行政主管部门核发。

兽医监督员为兽医监督管理的执法人员。

兽医监督员有违法、违纪行为或者不称职、离职的，由发证部门取消其资格，并收缴兽医监督员证。

第二十九条 兽医监督员实施监督检查时，必须出示兽医监督员证。被检查人必须如实提供资料，不得妨碍、逃避或拒绝。

兽医监督员实施监督检查时，对违法从事兽医活动的，可以按照规定程序依法查处。

第六章 法律责任

第三十条 违反本条例规定，具有下列情形之一的，没收违法所得，没收全部医疗器械、药物，可以并处 5000 元以上 3 万元以下罚款；违法所得超过 3 万元的，并处违法所得 1 倍以上 5 倍以下罚款。给他人造成损害的，依法承担赔偿责任：

（一）未取得兽医资格、执业证书和未经注册而从事兽医活动的；

（二）未取得动物诊疗许可证而从事诊疗活动的；

（三）兽医执业单位未按规定从事相关兽医活动的；

（四）非兽医执业单位从事兽医活动的。

第三十一条 违反本条例规定，具有下列行为之一的，没收违法所得，没收全部医疗器械、药物，可以并处 4000 元以上 2 万元以下罚款；违法所得超过 2 万元的，并处违法所得 1 倍以上 3 倍以下罚款。情节严重的，对兽医可以暂停执业活动三个月至六个月或者吊销其兽医执业证书；对动物诊疗单位、动物养殖场等单位内部设置的兽医室可以停业整顿三个月至六个月或者吊销动物诊疗许可证。给他人造成损害的，依法承担赔偿责任：

（一）未按注册和兽医执业证书规定内容从事兽医活动的；

（二）未按动物诊疗许可证规定内容从事兽医活动的；

（三）伪造、涂改、出租、转让兽医资格证书、兽医执业证书、动物诊疗许可证的；

（四）动物诊疗单位收治省以上畜牧兽医行政主管部门确定的疫病动物的；

（五）动物养殖场等单位内部设置的兽医室对外从事兽医活动的；

（六）违法使用预防兽用生物制品的。

第三十二条 违反本条例规定，不符合规定执业条件的，应当责令其停业整顿三个月至六个月，或者吊销其动物诊疗许可证，可以并处 5000 元以上 3 万元以下罚款。

第三十三条 违反本条例规定，具有下列行为之一的，处 2000 元以上 2 万元以下罚款。对兽医可以并处暂停执业活动三个月至六个月，或者吊销其兽医执业证书：

（一）隐匿、伪造、转让、销毁或者出具与执业类别不相符以及与执业范围无关的证明、文书、资料的；

（二）违法公布动物疫情的；

（三）妨碍、逃避、拒绝动物防疫、防疫监督、兽医监督、考核和遇有紧急情况拒绝调遣的；

（四）未按规定使用有关药品的。

第三十四条 违反本条例规定，具有下列行为之一的，处 500 元以上 2000 元以下罚款。对兽医可以并处暂停执业活动一个月至三个月；情节严重的，吊销其兽医执业证书：

（一）未使用规定的病志记录、处方签、专用收据的；

（二）未按规定报告或者采取有效防治措施的；

（三）未按规定从事有关兽医活动的；

（四）未及时、如实按照规定填写、签署有关证明、文书、资料的。

第三十五条 违反本条例规定，以不正当手段取得兽医资格证书、兽医执业证书、动物诊疗许可证和兽医监督员证的，予以撤销。对负有直接责任的主管人员和其他直接责任人员，按照有关规定给予行政处分。

第三十六条 本条例规定的行政处罚，由县以上畜牧兽医行政主管部门决定。法律、行政法规另有规定的，从其规定。

第三十七条 对不予核发兽医执业证书、注销注册和对行政处罚有异议或者不服的，可以在收到通知之日起 60 日内向作出决定部门的同级人民政府或者上一级畜牧兽医行政主管部门申请复议。对复议机关不予受理的裁决或者复议决定不服的，可以在接到不予受理决定书或者行政复议决定书之日起 15 日内依法向人民法院起诉。

不履行行政处罚决定，逾期又不申请复议、起诉的，作出处罚决定的机关可以申请人民法院强制执行。

第三十八条 兽医监督员违反本条例规定，玩忽职守、滥用职权、徇私舞弊，尚不构成犯罪的，按照有关规定给予行政处分；构成犯罪的，依法追究刑事责任。

第三十九条 拒绝、阻碍兽医监督员依法执行职务或者拒绝、阻碍有关兽医依法执业的，依照治安管理处罚条例的规定处罚；构成犯罪的，依法追究刑事责任。

第七章　附　则

第四十条 本条例自 2000 年 3 月 1 日起施行。

动物诊疗机构管理办法

中华人民共和国农业部令

第 19 号

《动物诊疗机构管理办法》已经 2008 年 11 月 4 日农业部第 8 次常务会议审议通过，现予发布，自 2009 年 1 月 1 日起施行。

农业部部长

二〇〇八年十一月二十六日

第一章　总　则

第一条　为了加强动物诊疗机构管理，规范动物诊疗行为，保障公共卫生安全，根据《中华人民共和国动物防疫法》，制定本办法。

第二条　在中华人民共和国境内从事动物诊疗活动的机构，

应当遵守本办法。

本办法所称动物诊疗，是指动物疾病的预防、诊断、治疗和动物绝育手术等经营性活动。

第三条 农业部负责全国动物诊疗机构的监督管理。

县级以上地方人民政府兽医主管部门负责本行政区域内动物诊疗机构的管理。

县级以上地方人民政府设立的动物卫生监督机构负责本行政区域内动物诊疗机构的监督执法工作。

第二章 诊疗许可

第四条 国家实行动物诊疗许可制度。从事动物诊疗活动的机构，应当取得动物诊疗许可证，并在规定的诊疗活动范围内开展动物诊疗活动。

第五条 申请设立动物诊疗机构的，应当具备下列条件：

（一）有固定的动物诊疗场所，且动物诊疗场所使用面积符合省、自治区、直辖市人民政府兽医主管部门的规定；

（二）动物诊疗场所选址距离畜禽养殖场、屠宰加工场、动物交易场所不少于200米；

（三）动物诊疗场所设有独立的出入口，出入口不得设在居民住宅楼内或者院内，不得与同一建筑物的其他用户共用通道；

（四）具有布局合理的诊疗室、手术室、药房等设施；

（五）具有诊断、手术、消毒、冷藏、常规化验、污水处理等器械设备；

（六）具有1名以上取得执业兽医师资格证书的人员；

（七）具有完善的诊疗服务、疫情报告、卫生消毒、兽药处方、药物和无害化处理等管理制度。

第六条　动物诊疗机构从事动物颅腔、胸腔和腹腔手术的，除具备本办法第五条规定的条件外，还应当具备以下条件：

（一）具有手术台、X 光机或者 B 超等器械设备；

（二）具有 3 名以上取得执业兽医师资格证书的人员。

第七条　设立动物诊疗机构，应当向动物诊疗场所所在地的发证机关提出申请，并提交下列材料：

（一）动物诊疗许可证申请表；

（二）动物诊疗场所地理方位图、室内平面图和各功能区布局图；

（三）动物诊疗场所使用权证明；

（四）法定代表人（负责人）身份证明；

（五）执业兽医师资格证书原件及复印件；

（六）设施设备清单；

（七）管理制度文本；

（八）执业兽医和服务人员的健康证明材料。

申请材料不齐全或者不符合规定条件的，发证机关应当自收到申请材料之日起 5 个工作日内一次告知申请人需补正的内容。

第八条　动物诊疗机构应当使用规范的名称。不具备从事动物颅腔、胸腔和腹腔手术能力的，不得使用"动物医院"的名称。

动物诊疗机构名称应当经工商行政管理机关预先核准。

第九条　发证机关受理申请后，应当在 20 个工作日内完成对申请材料的审核和对动物诊疗场所的实地考查。符合规定条件的，发证机关应当向申请人颁发动物诊疗许可证；不符合条件的，书面通知申请人，并说明理由。

专门从事水生动物疫病诊疗的，发证机关在核发动物诊疗许可证时，应当征求同级渔业行政主管部门的意见。

第十条　动物诊疗许可证应当载明诊疗机构名称、诊疗活动范围、从业地点和法定代表人（负责人）等事项。

动物诊疗许可证格式由农业部统一规定。

第十一条　申请人凭动物诊疗许可证到动物诊疗场所所在地工商行政管理部门办理登记注册手续。

第十二条　动物诊疗机构设立分支机构的，应当按照本办法的规定另行办理动物诊疗许可证。

第十三条　动物诊疗机构变更名称或者法定代表人（负责人）的，应当在办理工商变更登记手续后 15 个工作日内，向原发证机关申请办理变更手续。

动物诊疗机构变更从业地点、诊疗活动范围的，应当按照本办法规定重新办理动物诊疗许可手续，申请换发动物诊疗许可证，并依法办理工商变更登记手续。

第十四条　动物诊疗许可证不得伪造、变造、转让、出租、出借。

动物诊疗许可证遗失的，应当及时向原发证机关申请补发。

第十五条　发证机关办理动物诊疗许可证，不得向申请人收取费用。

第三章　诊疗活动管理

第十六条　动物诊疗机构应当依法从事动物诊疗活动，建立健全内部管理制度，在诊疗场所的显著位置悬挂动物诊疗许可证和公示从业人员基本情况。

第十七条　动物诊疗机构应当按照国家兽药管理的规定使用兽药，不得使用假劣兽药和农业部规定禁止使用的药品及其他化合物。

第十八条　动物诊疗机构兼营宠物用品、宠物食品、宠物美容等项目的，兼营区域与动物诊疗区域应当分别独立设置。

第十九条　动物诊疗机构应当使用规范的病历、处方笺，病历、处方笺应当印有动物诊疗机构名称。病历档案应当保存3年以上。

第二十条　动物诊疗机构安装、使用具有放射性的诊疗设备的，应当依法经环境保护部门批准。

第二十一条　动物诊疗机构发现动物染疫或者疑似染疫的，应当按照国家规定立即向当地兽医主管部门、动物卫生监督机构或者动物疫病预防控制机构报告，并采取隔离等控制措施，防止动物疫情扩散。

动物诊疗机构发现动物患有或者疑似患有国家规定应当扑杀的疫病时，不得擅自进行治疗。

第二十二条　动物诊疗机构应当按照农业部规定处理病死动物和动物病理组织。

动物诊疗机构应当参照《医疗废弃物管理条例》的有关规定处理医疗废弃物。

第二十三条　动物诊疗机构的执业兽医应当按照当地人民政府或者兽医主管部门的要求，参加预防、控制和扑灭动物疫病活动。

第二十四条　动物诊疗机构应当配合兽医主管部门、动物卫生监督机构、动物疫病预防控制机构进行有关法律法规宣传、流行病学调查和监测工作。

第二十五条 动物诊疗机构不得随意抛弃病死动物、动物病理组织和医疗废弃物，不得排放未经无害化处理或者处理不达标的诊疗废水。

第二十六条 动物诊疗机构应当定期对本单位工作人员进行专业知识和相关政策、法规培训。

第二十七条 动物诊疗机构应当于每年3月底前将上年度动物诊疗活动情况向发证机关报告。

第二十八条 动物卫生监督机构应当建立健全日常监管制度，对辖区内动物诊疗机构和人员执行法律、法规、规章的情况进行监督检查。

兽医主管部门应当设立动物诊疗违法行为举报电话，并向社会公示。

第四章 罚 则

第二十九条 违反本办法规定，动物诊疗机构有下列情形之一的，由动物卫生监督机构按照《中华人民共和国动物防疫法》第八十一条第一款的规定予以处罚；情节严重的，并报原发证机关收回、注销其动物诊疗许可证：

（一）超出动物诊疗许可证核定的诊疗活动范围从事动物诊疗活动的；

（二）变更从业地点、诊疗活动范围未重新办理动物诊疗许可证的。

第三十条　使用伪造、变造、受让、租用、借用的动物诊疗许可证的，动物卫生监督机构应当依法收缴，并按照《中华人民共和国动物防疫法》第八十一条第一款的规定予以处罚。

出让、出租、出借动物诊疗许可证的，原发证机关应当收回、注销其动物诊疗许可证。

第三十一条　动物诊疗场所不再具备本办法第五条、第六条规定条件的，由动物卫生监督机构给予警告，责令限期改正；逾期仍达不到规定条件的，由原发证机关收回、注销其动物诊疗许可证。

第三十二条　动物诊疗机构连续停业两年以上的，或者连续两年未向发证机关报告动物诊疗活动情况，拒不改正的，由原发证机关收回、注销其动物诊疗许可证。

第三十三条　违反本办法规定，动物诊疗机构有下列情形之一的，由动物卫生监督机构给予警告，责令限期改正；拒不改正或者再次出现同类违法行为的，处以一千元以下罚款。

（一）变更机构名称或者法定代表人未办理变更手续的；

（二）未在诊疗场所悬挂动物诊疗许可证或者公示从业人员基本情况的；

（三）不使用病历，或者应当开具处方未开具处方的；

（四）使用不规范的病历、处方笺的。

第三十四条　动物诊疗机构在动物诊疗活动中，违法使用兽药的，或者违法处理医疗废弃物的，依照有关法律、行政法规的规定予以处罚。

第三十五条　动物诊疗机构违反本办法第二十五条规定的，由动物卫生监督机构按照《中华人民共和国动物防疫法》第七十五条的规定予以处罚。

第三十六条 兽医主管部门依法吊销、注销动物诊疗许可证的，应当及时通报工商行政管理部门。

第三十七条 发证机关及其动物卫生监督机构不依法履行审查和监督管理职责，玩忽职守、滥用职权或者徇私舞弊的，依照有关规定给予处分；构成犯罪的，依法追究刑事责任。

第五章 附 则

第三十八条 乡村兽医在乡村从事动物诊疗活动的具体管理办法由农业部另行规定。

第三十九条 本办法所称发证机关，是指县（市辖区）级人民政府兽医主管部门；市辖区未设立兽医主管部门的，发证机关为上一级兽医主管部门。

第四十条 本办法自 2009 年 1 月 1 日起施行。

本办法施行前已开办的动物诊疗机构，应当自本办法施行之日起 12 个月内，依照本办法的规定，办理动物诊疗许可证。

附 录

兽医微生物菌种保藏管理试行办法

（一九八〇年十一月二十五日农业部发布）

根据中国微生物菌种保藏管理条例试行规定精神，为加强兽医微生物菌种毒种及病原性原虫类虫种的管理。特制定本办法。

第一条：组织和任务

一、兽医微生物菌种保藏管理中心工作，由农业部兽医药品监察所负责。

二、根据具体情况，部分兽医微生物菌种由农业部指定有关单位负责分管，纳入管理中心菌种统一编目。

三、管理中心及分管单位，承担以下任务：

（一）兽医微生物菌种及原虫病虫种的收集、鉴定、保藏、交换和供应；

（二）菌种及原虫病虫种的保存方法和鉴定方法的研究；

（三）根据国家统一编目要求，编制菌种虫种目录。对新收集的菌种进行编号登记，并报中国微生物菌种保藏管理委员会；

（四）办理对外交流和交换菌种。

四、管理中心及分管单位保藏、鉴定菌种的人员和经费，分别由管理中心和分管单位负责。

第二条：菌种分类

五、根据病原微生物致病的危害性分为四类：

（一）牛瘟、口蹄疫、猪水泡病、马传贫、真性鸡瘟、非洲马瘟等强毒菌种；

（二）牛肺疫、马鼻疽、炭疽、破伤风、狂犬病、伪狂犬病、猪瘟、布氏菌病、结核、钩端螺旋体等强毒菌种；

（三）不属于（一）、（二）类的其他强毒菌种；病原性原虫类虫种；

（四）供生产和检验用的各种弱毒菌种。

第三条：收集

六、管理中心及分管单位，可根据需要向国内有关单位索取菌种。

七、凡单位或个人分离鉴定、筛选得到的有一定价值的菌种，应将该菌种及有关资料，送交管理中心或分管单位进行鉴定复核，确认有保存价值者，即编入国家菌种目录予以保管。

凡单位或个人培育的有一定价值的弱毒菌种，经有关方面鉴定，确认已成为稳定的独立品系，有保存价值者，方可将该菌种及有关资料送交管理中心或分管单位，编入国家菌种目录。

第四条：保藏

八、凡具有详细的历史及有关鉴定资料的菌种，均由管理中心及分管单位负责保藏管理。

九、管理中心及分管单位对保藏管理的菌种，均应按时鉴定，采取妥善可靠的方法保存，应保持菌种的原有特性。

十、管理中心及分管单位应制定严密的安全保管制度，建账、建卡，专人负责。

十一、分管单位应将以国内外收集保藏的有关菌种及时报管理中心备案。

第五条：供应

十二、各单位索取菌种，必须说明菌种名称、型别、用途及数量。

十三、（一）、（二）类菌种应严格控制供应范围，经省、市、自治区畜牧（农业）局审定，认为符合本办法规定的使用条件者，经农业部批准，方能供给。

十四、使用（三）类强毒菌种的单位，须持经省、市、自治区畜牧（农业）局审定有试验条件，同意领用的公函，由管理中心或分管单位直接供应。

十五、（四）类菌种，除生产用各种弱毒菌种须经农业部批准外，可由使用单位具函直接索取。

十六、所有供应的菌种应有明晰的标记，标明名称或代号、代数、移植或冻干日期等，并附菌种分发证书。邮寄菌种时应按卫生部、邮电部、交通部、铁道部颁布的关于菌毒种邮寄与包装规定要求办理。凡不能邮寄的菌种及（一）、（二）类菌种，必须派专人领取。

第六条：使用

十七、使用单位须制定使用、保存菌种的制度，指定专人负责保管。

十八、经农业部或省、市、自治区畜牧（农业）局批准使用（一）、（二）类菌种的单位，应有严格的隔离设备和措施，严防散毒。试验结束时，应由单位领导监督销毁并将情况以正式公函报管理中心备查。

第七条：对外交换

十九、凡从国外引进动物病原微生物菌种、虫种，须经管理中心审定报农业部批准。向国外供应或交换菌种、虫种，亦须经农业部批准。

二十、国内尚未保存的菌种或不同类别菌种须从国外引进时，由需用单位开具清单（包括品种、名称、型别、株名、国别及其保存单位名称等）填写中、英文本各一式三份，送交管理中心汇总，报农业部批准向国外索取。

二十一、单位或个人从国外引进或交换得到的兽医微生物菌种、虫种，应将该菌种、虫种或其复制的培养物一份及有关资料送交管理中心或分管单位保藏。

第八条：本办法自颁发之日起实施。

贸易性出口动物产品兽医
卫生检疫管理办法

（1992 年 7 月 25 日国家进出口商品检验局发布）

第一章 总 则

第一条 为了加强贸易性出口动物产品兽医卫生检疫工作，防止动物传染病、寄生虫病的传播，保护社会生产和人身健康，维护国家信誉，促进对外贸易发展，根据《中华人民共和国进出口商品检验法》、《中华人民共和国进出境动植物检疫法》和《国务院关于贸易性动物产品出境检疫管理体制的通知》，制定本办法。

第二条 凡在中华人民共和国境内从事生产、加工、经营和储运贸易性出口动物产品（以下简称出口动物产品）的单位或个人必须遵守本办法。

第三条 国家进出口商品检验部门（以下简称国家商检部门）是全国出口动物产品兽医卫生检疫工作的管理机关。

（一）贯彻执行《中华人民共和国进出口商品检验法》、《中华人民共和国进出境动植物检疫法》、《肉品卫生检验试行规程》等有关法律、法规。

（二）制定、公布出口动物产品兽医卫生检疫法规、检验方法、规程、消毒措施和管理制度等，并组织实施。

（三）统一审查、办理出口动物产品加工厂、库的国外申请注册或者备案工作。

（四）负责对外签订有关出口动物产品兽医卫生检疫条约协定及技术交流活动。

（五）负责出口动物产品兽医卫生检疫人员的培训，开展兽医卫生检疫科学研究。

第四条 国家商检部门设在各省、自治区、直辖市的进出口商品检验机构及其分支机构（以下简称商检机构）管理所辖地区的出口动物产品的兽医卫生检疫工作。

（一）审查、办理出口动物产品加工厂、库的注册、登记或者质量许可证。

（二）对出口动物产品加工厂、库的兽医卫生检疫工作实施监督管理，对出口动物产品实施检疫。

（三）对存放于车站、港口、机场等出口动物产品实施检疫和监督管理。

第五条 出口动物产品必须经过检疫，未经检疫或检疫不合格的不准加工出口。

第六条 商检机构对出口动物产品实施兽医卫生检疫的依据：

（一）进口国家或者地区对动物产品的兽医卫生检疫有规定的，按规定检疫。

（二）外贸合同对出口动物产品的兽医卫生检疫有要求的，按合同要求检疫。

（三）进口国家或者地区没有规定，外贸合同也没有要求的，按照国家有关法律、行政法规规定进行兽医卫生检疫。

第七条 本办法所指的动物产品是指供贸易性出口的，来源于饲养或野生动物（如畜、禽、兽、蛇、龟、鱼、虾、贝、虫、蚕、蜂等）的肉、脏器、油脂、奶、蛋、生皮、毛类、绒类、羽毛、鬃、蹄、角、骨、血液、蜂蜜等未经加工或者已经加工的产品。

第二章　检疫检验管理

第八条　商检机构兽医卫生检疫人员应参与出口动物产品加工厂的原料进厂、宰前、宰后、加工全过程的兽医卫生检疫工作。

第九条　用于加工出口动物产品的畜禽必须有农牧兽医部门出具的非疫区证明和兽医部门出具的检疫健康证明，方准收购。

第十条　活畜禽进厂后，兽医卫生检疫人员必须按出口肉类兽医卫生检疫有关规定进行宰前检疫。大家畜（猪、马、牛、羊）逐头检疫，抽测体温；其他畜禽逐群检疫；必要时进行实验室检验；健康畜禽由兽医出具送宰通知单，发现疾病按《肉品卫生检验试行规程》及有关规定进行处理。死畜禽必须在兽医监督下进行无害化处理。

第十一条　兽医卫生检疫人员必须按规定实施宰后检验，逐头（只）进行头部、胴体、内脏检验，必要时进行实验室检验。发现疾病，按《肉品卫生检验试行规程》及有关规定进行处理。

第十二条　乳与乳制品的原料、蛋与蛋制品的原料须来自安全非疫区健康无病的畜禽。

蜂产品须来自在无人畜共患病和动物传染病、寄生虫病的安全非疫区放养的蜂群。

乳及乳制品、蛋及蛋制品、蜂产品、水产品等均须经检疫合格后，方准出口。

第十三条 用于加工出口畜产品的原料，必须来自安全非疫区，并经产地兽医检疫部门或经屠宰加工厂的兽医检验，出具检疫证明，方准收购、调运和加工。

第十四条 生皮张类、绒类、毛类、鬃尾类等出口畜产品必须进行炭疽菌检验，或者按有关规定消毒。进口皮张再转口的，必须持有兽医部门的消毒证明，方准换证出口。

第十五条 出口动物产品加工厂必须建立健全宰前、宰后等原始检疫记录及处理情况报告，定期统计，保存三年，并接受商检机构检查。

第十六条 经出口动物产品加工厂检疫合格的出口动物产品由主任兽医签发《工厂兽医卫生检疫结果单》。

第十七条 装运出口动物产品的车辆、容器和其他工具，必须在装运前后进行清洗、消毒。

第十八条 出口动物产品在国内调运时，有关兽医卫生检疫检验单位凭商检机构签发的兽医卫生检疫（或消毒）证书或者出口商品换证凭单验放。

第三章 出境检疫

第十九条 出口动物产品在调运出境前，发货人或其代理人必须按照《进出口商品报验的规定》向商检机构申请报验，并办理有关手续。

申请预验的，应向商检机构提供有关检疫依据。

第二十条 商检机构接受报验时，应审查合同、信用证及出口动物产品加工厂的检疫结果单或消毒证明。

第二十一条 商检机构按规定抽样进行检疫。经检疫合格或者按规定进行消毒的出口动物产品，商检机构签发兽医卫生检疫（或消毒）证书，并可根据贸易关系人的申请，加贴商检标志。

第二十二条 出口动物产品出境，海关凭商检部门出具的有关单证验放。未经检疫或者检疫不合格的，不准出境。

第二十三条 经商检机构检疫合格已发给兽医卫生检疫（或消毒）证书的出口动物产品，应在单证有效期内出口，超过检疫检验有效期的，发货人或其代理人必须重新报验。

第四章　监督管理

第二十四条 商检机构对出口动物产品加工厂、库实行注册登记和质量许可证制度。对贯彻执行有关检疫法规及兽医卫生检疫工作进行监督管理。

第二十五条 商检机构派出兽医卫生检疫人员对出口动物产品加工厂、库等加工、生产、包装、贮存、运输、经营出口动物产品的全过程的兽医卫生检疫进行监督检查。

商检机构兽医卫生检疫人员在监督管理工作中，可以查阅生产单位有关资料、单证，生产单位不得拒绝或隐瞒。

第二十六条 出口动物产品加工厂、库新建、扩建、改建工程的选址、设计、工艺设备等项目必须经商检机构审查，符合有关检疫及安全、卫生规定，方准实施。

第二十七条 出口动物产品加工厂、库必须设立在厂长直接领导下的检疫机构，并配备与生产能力相适应的具有中等专业技术以上或经商检机构培训发给证书的专职兽医卫生检疫人员。

第二十八条 出口动物产品加工厂、库检疫机构应具备检疫工作所需的场所及仪器设备，并有健全的检疫制度。

第二十九条 出口肉类加工厂必须设有健康圈、隔离观察圈、急宰间、无害处理间、污水处理和消毒设施等。

第五章 罚 则

第三十条 对违反本办法规定，有下列行为之一的，依照《中华人民共和国进出口商品检验法》、《中华人民共和国进出境动植物检疫法》及有关法律进行处罚。

（一）、出口未向商检机构报验或未经商检机构检疫合格的出口动物产品；

（二）、违反本办法规定，造成重大疫情的；

（三）、擅自调换、损毁商检机构加施于出口动物产品及其包装上的商检标志、封识的；

（四）、伪造、变造、盗用商检检疫单证、印章、标志、封识的；

（五）、用未经检疫或者经检疫不合格的产品调换经检疫合格的产品的；

（六）、其他逃避商检机构检疫行为和骗取商检机构有关单证的弄虚作假行为；

（七）、兽医卫生检疫人员滥用职权，徇私舞弊，伪造检疫结果，或者玩忽职守，延误检疫出证的；

（八）、超越职权，刁难发货人，影响对外贸易，造成重大经济损失的；

第六章 附 则

第三十一条 商检机构实施兽医检疫与品质检验等同时进行的，不另收取检疫费。

第三十二条 对出口动物产品的食品加工厂、库，实施卫生注册、登记或质量许可制度仍按现行有关法规规定办理。

第三十三条 本办法自发布之日起实施，过去发布的有关出口动物产品兽医卫生检疫规定与本办法有抵触的，以本办法为准。

兽医卫生监督经费管理暂行办法

农业部办公厅关于印发《农业检测检验检疫
费用资金管理暂行办法》等六个管理办法的通知

办财〔2012〕14 号

部机关有关司局、部属有关单位：

为进一步规范项目资金管理，提高资金使用效益，根据《中央本级项目支出预算管理办法》（财预〔2007〕38 号）及其他相关规定，我部制定了《农业检测检验检疫费用资金管理暂行办法》、《农业投入品登记注册审批费资金管理暂行办法》、《品种资源保护费资金管理暂行办法》、《技术等级与职业技能考核鉴定及档案保管经费资金管理暂行办法》、《兽医卫生监督经费管理暂行办法》和《农机安全监理专项经费管理暂行办法》六个资金管理办法，现印发给你们，请遵照执行。

附件：1. 农业检测检验检疫费用资金管理暂行办法（略）

2. 农业投入品登记注册审批费资金管理暂行办法（略）

3. 品种资源保护费资金管理暂行办法（略）

4. 技术等级与职业技能考核鉴定及档案保管经费资金管理暂行办法（略）

5. 兽医卫生监督经费管理暂行办法

6. 农机安全监理专项经费管理暂行办法（略）

农业部办公厅

二〇一二年一月三十日

第一条 为加强兽医卫生监督经费的管理和监督，提高资金使用效益，进一步做好动物疫病防控工作，根据《中华人民共和国动物防疫法》、《中央本级项目支出预算管理办法》（财预〔2007〕38号）及其他相关规定，制定本办法。

第二条 本办法所称兽医卫生监督经费，是指中央财政在部门预算中安排的用于强化动物及动物产品安全监督管理的财政专项资金。

第三条 兽医卫生监督经费实行项目管理，由农业部组织实施，项目承担单位具体实施。

第四条 农业部兽医局负责项目的组织实施和监督检查；农业部财务司负责制定兽医卫生监督经费资金的管理制度，组织编制并审核预、决算，下达项目经费，对预算执行履行监管职责。

第五条 农业部兽医局、部属单位，地方兽医主管部门、动物卫生监督机构及有关科研院所等项目承担单位负责项目的预算编制、申报和执行，开展会计核算、资金支付、政府采购等业务，接受农业部财务司及有关部门对预算执行的监督检查。

第六条 兽医卫生监督经费应严格按照预算批复执行，主要用于检疫监督规划政策制定、动物卫生及动物产品检疫监督管理、动物卫生监督执法队伍培训、动物卫生监督执法联防工作制度建立完善、全国动物卫生监督信息化管理以及工作宣传等。

第七条 项目承担单位应当严格按照本办法规定的经费开支范围办理支出，不得挪作他用。

第八条 农业部根据兽医卫生监督工作需要和预算规模，组织提出项目工作计划，确定项目承担单位和下达年度项目计划，年度项目计划包括年度目标、任务计划、经费测算安排等内容。

第九条 项目承担单位根据年度项目计划，制定实施方案，内容包括年度目标、人员安排、实施步骤、资金测算等。地方承担单位的实施方案经省级兽医主管部门审核后报送农业部，农业部部属单位和其他有关单位的实施方案直接报送农业部。

第十条 农业部审核项目承担单位的实施方案，审核通过后按照国家财政资金拨付有关要求下达项目资金。

第十一条 项目承担单位要严格执行国家有关财经法规，建立项目资金明细账，确保专款专用，科学、合理、有效地使用项目资金。

第十二条 项目承担单位应按照部门决算编报要求，编制报送兽医卫生监督经费的决算。

第十三条 兽医卫生监督经费的资金支付按照国库集中支付管理的有关规定执行。经费使用中涉及政府采购的，严格按照政府采购相关规定执行。

第十四条 项目承担单位要开展项目执行情况年度总结。项目承担单位是省级及以下兽医工作单位的，项目执行情况总结报告经省级兽医主管部门审核后，于 12 月 31 日前报送农业部。部属单位和其他项目承担单位，于 12 月 31 日前直接向农业部报送项目执行情况总结报告。农业部将本年度项目执行情况作为下一年度项目资金安排的重要依据。

第十五条 项目承担单位应定期组织项目自查，农业部财务司组织开展实行重点抽查。对检查中发现的套取、挤占、挪用项目资金的行为，按照《财政违法行为处罚处分条例》等有关法律法规给予处罚。

第十六条 本办法由农业部财务司负责解释。

第十七条 本办法自发布之日起施行。

兽药监察所工作细则（试行）

（一九九四年六月六日农业部发布）

第一章 总 则

第一条 为加强兽药监察所的工作，保证兽药质量，促进养殖业的发展和维护人体健康，根据《兽药药政药检工作管理办法》的有关规定，制定本细则。

第二条 各级兽药监察所，是兽药质量保证体系的重要组成部分。是国家对兽药质量实施技术监督、检验、鉴定的法定专业技术机构。

第三条 兽药监察所必须依法办事，保证监督检验工作的科学性、公正性、权威性，提高工作质量和工作效率，适应兽药监督检验管理工作的需要。

第二章 组织机构

第四条 国家设置的兽药监察所是：（一）中国兽药监察所；（二）省、自治区、直辖市兽药监察所；（三）根据需要，经省、自治区、直辖市农牧行政部门审查同意设立的地（市）、县兽药监察所。

各级兽药监察所受同级农牧行政部门直接领导，并具有独立法人地位，业务技术受上一级兽药监察所指导。

中国兽药监察所应通过农业部的资格认证和国家计量认证；省级兽药监察所，应通过农业部的资格认证和省级计量认证；省级以下兽药监察所均需通过省级农牧行政部门的资格认证。

第五条 进口兽药由国家授权的承担进口兽药检验的兽药监察所受理报关检验。

第三章 兽药监察所的职责

第六条 中国兽药监察所是农业部领导下的国家兽药质量监察、检验、鉴定的法定技术机构，是全国兽药检验的最高技术仲裁单位，是全国兽药监察业务技术指导中心。其主要职责是：

（一）负责全国兽药质量的监督，抽检兽药产品和对兽药质量检验、鉴定的最终技术仲裁；

（二）承担或参与国家兽药标准的制定、修订；

（三）负责第一、二、三类新兽药、新生物制品和进口兽药的质量复核，并制定、修订质量标准，提交质量标准制定、修订编制说明和复核报告；

（四）负责兽药检验用标准品（对照品）、参照品和生产检验用菌、毒、虫种的研究、制备、标定、鉴定、保存和供应；

（五）开展有关兽药质量标准、检验新技术、新方法的研究，承担国家下达的其他研究任务；

（六）负责国家兽医微生物菌种保藏工作；

（七）调查兽药检验工作，了解生产、经营、使用单位对兽药质量的意见，掌握全国兽药质量情况，承担兽药产品质量的监督抽查工作，参与假冒伪劣兽药的查处工作；

（八）指导省、自治区、直辖市兽药监察所和生物制品厂监察室的质量监督工作；

（九）培训兽药检验技术人员，推广检验新技术；

（十）开展国内外兽药学术、情报交流。

第七条 省、自治区、直辖市兽药监察所的主要职责是：

（一）负责本辖区的兽药质量监督、检验、技术仲裁工作，并定期抽检兽药产品，掌握兽药质量情况，及时向农牧行政部门和中国兽药监察所报告抽检结果；

（二）承担兽药地方标准制定、修订，参与部分国家兽药标准的起草、修订工作；

（三）负责兽药新制剂的质量复核试验，提出试验报告；

（四）调查、监督本辖区的兽药生产、经营和使用情况；

（五）指导辖区内兽药生产、经营企业和制剂室质检机构的建设，并提供技术咨询、服务；

（六）负责本辖区兽药检验技术交流和技术培训；

（七）开展有关兽药质量标准、兽药检验新技术、新方法及其他有关的研究工作；

（八）承担中国兽药监察所委托的部分国家标准品、对照品的原料初选和协作标定工作；

（九）参与兽药厂的考核验收工作，进行技术把关。

第八条 地（市）、县兽药监察所的主要职责是：

（一）配合省兽药监察所做好本辖区流通领域中的兽药质量监督、检验；

（二）协助省兽药监察所对本辖区兽药生产、经营企业进行质量监督。

第四章 科室设置和人员

第九条 省、自治区、直辖市兽药监察所必须设置业务技术管理机构（包括兽药质量情报机构）和中药、化学药品、抗生素、药理、添加剂等科室。也可根据需要设置其他职能科室或实验科室。地（市）、县兽药监察所可参照上一级兽药监察所的机构设置，建立有关科室。

第十条 兽药监察所应充实业务技术人员和管理人员，严格控制行政和后勤人员比例。

第十一条 各级兽药监察所所长应具中级以上（含中级）技术职称、并具备相应的专业知识、组织领导能力，能有效地支持全所的工作，对兽药监察所工作负全面责任。

第十二条 技术科室设科室主任。

科室主任应具中级以上（含中级）技术职称，有相应专业理论水平和实践工作经验，熟练掌握检验技术，能有效的组织和开展本科室的业务工作，对兽药监督检验中有关问题作出正确判断和处理。

第十三条 兽药检验人员需经过专业技术培训和岗位考核，经所长核准后，持上岗操作证方可上岗操作。

第十四条 兽药监察所应制定技术人员培养和业务进修计划，通过多种渠道、多种形式实施对各级技术人员的培训和考核，注重对业务技术骨干和学科带头人的培养。技术人员的考核晋升严格按有关规定执行。

第十五条 兽药监察所及其工作人员必须认真执行《兽药管理条例》，遵守《兽药药政药检工作管理办法》及有关兽药管理法规，不得从事影响监察公正性的活动。

第五章 兽药检验

第十六条 兽药检验可分为：抽检、委托检验、复核检验、审批检验、优质品考核、仲裁检验和出口检验等。口岸兽药监察所负责进口兽药的检验工作。

兽药监察所配合农牧行政部门制定年度抽检计划承担兽药监督检验工作。

第十七条 对检验结果有争议时，由上一级兽药监察所仲裁检验。对进口兽药的检验结果有争议时，由中国兽药监察所仲裁检验。仲裁检验费由败诉方负担。

第十八条 进口兽药依据农业部公布的进口兽药质量标准检验，出口兽药按合同规定的检验标准检验。

第十九条 兽药检验依据《中华人民共和国兽药典》、《兽药规范》、农业部专业标准、兽药地方标准检验。兽医医疗单位配制的兽药制剂的检验，按经农牧行政管理部门核定的检验标准检验。

兽药监察所在检验工作中发现现行法定标准有问题时，应及时向有关部门反映，并提出修订建议。

第二十条 检验报告是兽药质量的技术裁定书，结论必须准确，应根据现行法定标准作出"符合规定"或"不符合规定"结论。

第二十一条 对检验不符合规定的兽药，报告书应列出不合格项目、数据和结果，提出处理意见，报同级农牧行政部门处理。

报告书同时抄报上一级兽药监察所。

凡属本地销售的外地产品，报告书还应抄送到产地省级兽药监察所。

第六章　标准品和对照品

第二十二条 国家兽药标准、农业部专业标准使用的标准品、对照品，由中国兽药监察所负责统筹安排研制、标定、保存和提供。地方兽药标准规定使用的标准品、对照品，由所在省、自治区、直辖市兽药监察所负责统筹安排、标定、保存和提供。标准品、对照品的原料，由指定的单位提供。

第二十三条 各级兽药监察所应做好中药标本（包括动植物标本和药材标本）的收集、整理、鉴定、保存和研究工作，不断充实和完善本地区生产和常用品种的标本。对市场上出现的假冒和混杂品种，也应及时收集、鉴定和保管。国家兽药标准收载的中药材品种的对照标本，由中国兽药监察所统一组织收集、鉴定。地方兽药标准收载的中药材品种的对照标本，由省、自治区、直辖市兽药监察所组织收集和鉴定。

第二十四条 标准品、对照品、特殊试剂、药材标本、抗生素产品检定用菌种等应有专人负责管理，并建立相应的管理制度。

第七章　兽药质量情报

第二十五条 兽药监察所对兽药质量情报的管理是全国兽药管理信息系统的重要组成部分。应制定兽药质量情报信息的搜集、整理、储存、上报、反馈、发布、使用等制度，及时收集兽药质量情况和与兽药质量相关的重要资料，为兽药监督管理工作决策提出依据。

第二十六条 各种情报信息应按统一表格定期上报同级农牧行政部门和上一级农牧行政主管部门及兽药监察所，重大质量问题应及时报告。

第八章　科学研究工作

第二十七条 兽药监察所在完成兽药检验工作的前提下，应积极围绕新兽药、质量标准、检验方法、兽药安全性等问题开展科学研究工作，提高兽药检测的科学技术水平，适应兽药事业发展的需要。

第二十八条 兽药监察所的科研工作，要有计划、有重点地进行。积极承担国家、地方有关部门提出的有关兽药质量控制的科学研究项目。

第二十九条 中国兽药监察所应积极组织开展重大课题的研究，省、自治区、直辖市兽药监察所可以根据需要，开展区域性的科学协作。

第九章　业务技术管理

第三十条 兽药监察所必须按照标准化、规范化、科学化的要求加强业务技术管理，不断提高兽药检验的工作质量和效率。

第三十一条 兽药监察所应实行岗位责任制。业务管理部门负责业务技术工作的计划、组织、检查、催办和总结上报，协调技术科室之间的业务工作。

技术科室要按岗位责任制的要求建立工作管理规范和有关标准操作规程，确保检验数据准确可靠。

第三十二条 兽药监察所应按照国家有关法律法规和部门规章的规定，加强标准、计量、质量监督管理工作，执行国家保密制度，加强技术资料管理，建立业务科技档案。

第十章　行政后勤工作

第三十三条 兽药监察所要做好试剂、仪器设备、实验动物等物资的供应及其他各项行政后勤工作，保证兽药检验工作的正常进行。

第三十四条 兽药监察所必须严格执行国家制定的各项收费标准。

第三十五条 兽药监察所工作人员的卫生保健津贴和劳保待遇应按国家现行有关规定的标准执行。

第三十六条 为保证兽药检验工作的开展，国家应对兽药监察所实行全额补助，包括：工资、补助工资、职工福利费、离退休人员费用、公务费、业务费、修缮费、购置费和主要副食品补贴等；各级兽药监察所要严格遵守财经纪律和财务制度。

第十一章 附 则

第三十七条 本细则由农业部负责解释。

第三十八条 本细则自发布之日起施行。

省级兽药监察所基本条件（试行）

（一九九四年六月六日农业部发布）

第一章　总　则

第一条　为加强兽药监察所的工作，保证兽药质量，促进养殖业的发展和维护人体健康，根据《兽药监察所工作细则》，制定省级兽药监察所（以下简称兽药监察所）基本条件。

第二条　兽药监察所是国家兽药监察保证体系的重要组成部分，是国家对兽药质量实施技术监督检验的法定机构并执行农牧行政部门交办的兽药监督检验任务，其组织机构、人员配备、仪器设备、规章制度、实验室环境、技术管理与后勤保障等方面均应与其职能相适应。

第三条　兽药监察所应按国家技术监督局发布的"产品质量检验机构计量认证技术规范"要求，通过计量认证。

第二章　组织机构

第四条　兽药监察所必须设置业务管理、中药、化学药品、抗生素、药理、添加剂等科（室），也可根据需要设置其他职能科室或实验科室。

第五条　兽药监察所中具有技术职称的技术人员不得少于80%，其中药学专业人员应不少于50%；行政和后勤人员不得超过在编总人数的20%。

口岸兽药监察所的药检专业人员，中级职称以上的应占技术人员总数的50%以上。每个专业实验室至少配有一名具有高级职称的专业人员。

第六条 高级、中级、初级职称人员的配备比例应不低于1：4：3。

第七条 所长、副所长均应具有大专以上学历、中级以上技术职称，具有一定的外语水平，有组织领导能力并有实验室检验工作经验。

主管技术的所长对各科（室）业务均应具综合处理能力。

第八条 科（室）主任，应具有大专以上学历，中级以上技术职称，三年以上药检工作经验，能有效地组织和指导本科（室）业务工作；对在监督、检验中出现的问题能作出正确判断和处理。

第九条 科（室）检验人员应有高中以上学历，并经过至少一年专业技术实践或专业技术培训，经考试合格取得上岗合格证方可从事检验工作。

第十条 从事业务技术管理的负责人员，应具有中级以上技术职称、熟悉药检工作并具有一定组织、综合处理能力。

从事进口兽药检验业务管理的负责人应熟悉进口兽药检验业务和具有进口兽药管理经验，能熟练阅读外文资料，掌握进口兽药有关法规并具有外贸基本知识。

第十一条 从事进口兽药报关检验的高、中级技术人员应熟悉本专业基础理论，掌握进口兽药有关法规和具有外贸基本知识，有进行检验方法的设计，评价和指导下一级技术人员的能力。

初级技术人员应熟练掌握本专业进口兽药检验方法及仪器的正确操作。

进口兽药检验人员均应具有相应的外语基础。

第十二条 技术仲裁检验，应由中级以上职称的人员承担。

第十三条 兽药监察所的正、副所长变更时，应报农业部畜牧兽医司和中国兽药监察所备案。

第三章 职责任务

第十四条 兽药检验工作

业务技术人员应熟悉《兽药管理条例》及其配套法规。能严格按照（中国兽药典）、《兽药规范》、农业部专业标准、地方标准进行兽药产品检验。

一、抽检

1. 农牧行政部门会同兽药监察所制定并下达全年抽检计划；本地区新兽药连续抽检二年；发生过质量问题的品种应作适当增抽；对经营、使用单位均有定期或不定期的抽检，并纳入有关科室的工作计划。

2. 品种全检率应占抽检检品批数的 1/3 以上。

3. 发现不合格兽药或其他质量问题，及时报告农牧行政部门及中国兽药监察所，并提出处理的意见。

4. 每年 7 月和次年 1 月，分别将半年质量分析报告及抽检汇总表报农牧行政部门和中国兽药监察所。

二、进口兽药检验

口岸兽药监察所的进口兽药检验应按进口兽药质量标准全项检验，各项检验项目均应由本所技术人员完成，严格执行《进口兽药管理办法》、《进口兽药抽样规定》。

三、仲裁检验

执行农牧行政管理部门下达的仲裁检验，仲裁检验应由两人以上完成。并在 1 个月内将检验报告书上报农牧行政管理部门，并同时提供给要求仲裁检验单位。

第十五条 新兽药技术审核工作

按照《新兽药及兽药新制剂管理办法》，兽药监察所应在收到样品和全部试验资料后的 6 个月内完成质量复核试验，并将新兽药、新制剂质量标准草案和复核试验报告送交农牧行政部门。

第十六条 标准制定工作

1. 兽药监察所承担的国家兽药典，农业部专业标准和地方标准起草和复核修订工作，按规定起草标准应有起草说明和实验数据，质量标准的制定和修订应能有效控制质量。

2. 兽药监察所应配合中国兽药监察所从事国家标准品的初选，初标工作，并结合地方标准需要及时进行地方标准品的选样、标定、分装、提供工作。

3. 地方标准品应有使用说明和有效期的规定。

第十七条 技术业务培训

1. 兽药监察所应负责本辖区的兽药检验技术培训，有计划的培训生产企业、经营企业的质检人员，培训可采用专题讲座、学习班、带教、现场指导、业务检查、专业考试、考核及样品会检等。

2. 培训和考核应有详细记录，包括学时、内容、人数、效果、考试、考核、评分等。会检应有结果分析、总结报告。

3. 兽药监察所应定期深入生产、经营企业质检部门检查了解质检中存在的问题，应有提高专业技术水平的计划。

4. 药检人员的培训（知识更新）

（1）应有长远（五年）人才培训及年度计划。

（2）每年每人业务学习至少100学时以上。

（3）要有培训考核记录和综合统计。

第十八条　科研业务

1. 兽药监察所的科研工作应结合兽药检验方法，兽药标准、兽药安全性、兽药质量管理方面的问题进行，以提高药检科学技术水平，提高方法专属性和灵敏度为目的。兽药监察所应积极参与全国性的科研协作。

2. 兽药监察所应鼓励专业技术人员写出具有一定水平的科研论文在全国性或地方性期刊发表。

第四章　管　理

第十九条　兽药监察所应有健全的管理体系和与其任务相适应的工作制度，这些制度至少应包括以下几项：

（1）兽药检验制度；

（2）各级人员的岗位责任制度；

（3）计量管理制度；

（4）实验室管理制度；

（5）各项技术操作规程；

（6）精密仪器管理制度；

（7）实验动物饲养管理制度；

（8）考勤考绩制度；

（9）兽药质量信息的搜集、整理、储存、上报、反馈、检索、使用等制度；

（10）口岸兽药监察所应制定相应的报验、抽样、检验技术审核、留样管理等制度；

（11）财务管理制度；

（12）技术资料档案管理制度；

（13）安全保密制度；

（14）差错事故认证及处理制度；

（15）留样管理制度；

（16）危险品、剧毒品管理制度。

第二十条　质量管理

（1）健全质量保证体系有秩序地开展工作。

（2）拥有与检测工作相适应的国内、外检测标准、有专人负责保管，需要时能够及时获得。

（3）有严格的对检测样品（包括抽检）接收、传递、留样的管理办法及登记手续。

（4）有专人主管抽检工作，抽样严格按规定的方法进行。

（5）能严格按照标准进行检测；

（6）标准品、对照品的种类、数量应能满足检验的需要，并在规定条件下贮存。

（7）对检测结果的精密度和有效数字的处理有明确规定并认真执行。

（8）检验记录和检验报告的格式应符合规定，项目完整、记录真实清楚、涂改处有更改章、检验报告书结论明确。

（9）检验记录、检验卡片及检验报告书有明确的检验、核对审查程序，责任人签名，对异常的检验数据和结果应规定有复查的办法。

（10）检验报告书的发送应有明确规定，并按规定执行。

（11）各种检验资料应按规定进行归档。

第二十一条　仪器设备及计量管理

（1）仪器设备的种类、数量、精度、参数应能满足所承担的检验和进口检验需要，以及测试、仲裁、科研、培训的需要，有必要的备品、备件和附件。

（2）应有仪器设备一览表。内容至少包括仪器设备的品名、型号、技术指标、制造厂名、计量检定情况（检定周期、检定单位、检定日期等）。

（3）仪器应有专人管理，并保存有出厂合格证和检定合格证，对不合格、待修、待检的仪器应有明显的标志。仪器设备应符合基本装备标准。

（4）仪器设备应建立档案，其内容包括品名、型号、制造厂名、到货、验收、使用日期、操作维修说明书、检定情况、使用情况记录、维修记录、附件情况等，进口仪器设备应附有中文译本。

（5）仪器设备应有计量检定周期工作计划。有专人负责计量检定工作，并按计划定期向计量检定部门报检。计量器具应有红、黄、绿三色标志，并注明有效期限。其量值应能溯源到国家基准。

第二十二条　情报信息管理

（1）应有健全的情报部门，由一名所长负责分管，配备专职人员统一管理兽药质量情报工作。

（2）应建立辖区内兽药生产企业、兽药经营企业和兽药医疗单位的基本情况档案。

（3）应建立辖区内生产的兽药质量档案。

（4）应及时搜集辖区内兽药生产、经营企业药检机构发展、人员结构变化、工作情况等信息。

（5）应搜集、统计、贮存辖区内地（市）兽药监察所的检验工作量、分析检验结果情况并按时以统一表格上报。

（6）应定期深入重点兽药生产企业，省级兽药经营企业及省级兽医医疗单位进行情报信息收集工作。

（7）应及时以统一形式提供发布兽药质量公报的技术数据和质量分析报告。

（8）各种情报信息应按统一的表格定期上报农牧行政部门及中国兽药监察所。重大兽药质量问题的情况信息应及时上报。

（9）应收集兽药检验和科研所必须的图书和资料。

第二十三条　财务管理

（1）按照财务会计业务的需要设置专职人员，财务管理制度健全，财会人员的职责范围明确，并有相应的岗位责任制。

（2）会计凭证、会计账簿、会计报表和其他财务资料真实、完整，并符合会计制度的规定。

（3）应有财产清查制度，应能账物相符，账款相符。

（4）财务资料档案齐全，整洁有序，保存安全。

（5）财务监督审计制度健全，无违反财政，物价纪律的情况。

第二十四条　后勤管理

（1）有负责后勤供应工作机构和人员，有健全的工作制度和岗位责任制。

（2）对试剂、仪器设备、实验动物的供应，能保证检验工作正常进行。

（3）物资保管实行定额管理，有健全的购入、验收、入库、发放、报废制度。

（4）劳动保护、生活、福利及其他行政后勤工作，能按有关文件执行。

第五章　职业道德及行业作风

第二十五条　兽药监察所及其工作人员不得从事有损监察工作公正性的活动。

第二十六条　药检工作人员应秉公执法，实事求是，为政清廉，不受贿，不收礼，不以权谋私，徇私枉法。

第六章　实验室环境与安全卫生

第二十七条　环境应整洁卫生，有健全的清洁卫生制度，有专人负责。

第二十八条

（1）实验室条件应能满足工作任务的要求（包括洁净度、湿度、温度、照度、通风防震、防爆、防火等）。应有完善的措施。

（2）实验室工作面积，应与职能要求相适应，建筑面积（包括业务用房、辅助用房）每人平均不得少于 40 平方米，其中实验用房每人平均不少于 25 平方米。

（3）室内外整洁、仪器设备的放置能便于操作。

（4）易燃、易爆、剧毒和有腐蚀的物质能按规定存入，并规定使用场所。

（5）室内管道和电气线路的设置整齐；水、电、气有安全管理措施。

第二十九条　工作人员进入实验穿好清洁的工作服；与检验无关的人和物不进入实验室，工作人员不应在实验室从事与实验无关的活动。需更衣换鞋的实验室能保持衣鞋的清洁，并制定有保洁制度。

第三十条 实验动物和动物室可参照卫生部《实验动物管理办法实验细则》要求。

第三十一条 实验室不应兼作办公室。

第三十二条 "三废"排放应符合环保要求。

第三十三条 能保持个人卫生，不随地吐痰，遵守社会公德。

第三十四条 实验室内禁止吸烟，违反有处罚规定。

第七章 论证考核主要指标

第三十五条

（1）实验室药检人员占全所人员60%以上；

（2）全检率占检品总数60%；

（3）实验室检验人员均检品≥50批次/年；

（4）检验报告书书写正确率≥99%；

（5）检验结果正确率≥99.9%；

（6）基础理论考核合格率≥95%；

（7）检品检验周期平均≤30天，进口兽药检验周期≤25天；

（8）运转仪器完好率≥99%；

（9）差错率≤0.5%；

（10）事故率0；

（11）抽检率≥30%；

（12）仲裁合格率应100%；

（13）转检率≤1%；

（14）进口检验正确率＞99.9%；

（15）复核检验正确率>99.0%；

（16）抽检全检率≥30%；

（17）按《中国兽药典》检测可检率应100%；

（18）口岸兽药监察所按部颁进口兽药质量标准检测可检率≥95%；

（19）参加科研课题设计与研究工作的中青年技术人员≥40%；

（20）仪器周期受检率应100%；

（21）全员培训的人员≥80%。

《兽医卫生证书》格式 13 和格式 14 使用说明

动植物检疫局关于印发《〈兽医卫生证书〉

格式 13 和格式 14 使用说明》的紧急通知

动植检动字〔1996〕102 号

各口岸动植物检疫局、动物检疫所：

现将《〈兽医卫生证书〉格式 13 和格式 14 使用说明》印发给你们，请遵照执行。

中华人民共和国动植物检疫局

一九九六年十月十八日

本说明适用于填写对俄出口猪肉的《兽医卫生证书》格式 13 和对俄出口牛肉的《兽医卫生证书》格式 14。

1. 编号：用 10 位阿拉伯数字表示，首两位为年份，如"96"，年份后填国家局规定的 4 位局、所代码，最后 4 位数为流水号，由各局从 0001 开始编排。如：重庆局今年签发的第 880 批对俄出口猪肉的证书编号为 9651020880。各局自行制定的对俄出口肉类证书编号规则与本说明有抵触的，自收文之日起一律停止使用，但流水号可连续使用。

2. 合同号：按实际合同号填写，如合同号中有俄文字母，能够打印俄文的局、所按原合同号打印；不能打印俄文的局、所用黑水笔书写俄文字母。

3. 主管部门：填国家局的英文全称，即 "Administration of Animal and Plant Quarantine of the P. R. China"。

4. 出证机关：填各局、所英文全称，＊＊动植物检疫局用 "＊＊Animal and Plant Quarantine service of the P. R. China"，＊＊动物检疫所用，"＊＊Animal Quarantine service of the P. R. China。"＊＊部分填各局、所名称的汉语拼音。

5. 产地省份：按实际情况填写。

6. 品名：用英文填写合同规定的肉类品名。

7. 包装种类：填写外包装名称，如纸箱填 "Carton"。

8. 包装件数：按实际数量用阿拉伯数字填写，在百位和千位数之间、十万和百万位数之间用逗号分隔开，单位用 pieces，如 8200 件，应填为 "8, 200pieces"。

9. 净重（吨）：按实际重量填写，单位为吨：如 "88, 231, 25tons"。

10. 唛头标记：按合同规定填写。

11. 中华人民共和国动植物检疫局注册登记的肉联厂（屠宰厂）名称、地址和编号：名称、地址用英文填写，注册编号填写在本栏最后一行。

12. 运输工具和编号：按实际情况用英文填写运输工具的种类、名称："编号"填火车车匹号、汽车牌照号、飞机航班号或船名。

13. 储藏和运输条件：填 "The goods will be shipped in refrigerated wagon and their temperature will not be higher than 8 degrees celsius below zero"。

14. 离境口岸：用汉语拼音填写，如满洲里 Man Zhou Li；绥芬河 Sui Fei Hei 黑河 Hei He 等。

15. 目的地：填写合同规定的俄方到货地点的英文全称，合同中没有规定的则不填。

16. 途经国家：填写从我国至俄方口岸运输途中经过的第三国或地区的英文全由我国直接运抵俄方口岸的，不填写此项。

17. 俄方入境口岸：填写合同规定的俄方口岸英文全称，如：后贝加尔 "Zabaikalsk"，布拉戈维申斯克 "Blagovescensk"，格罗杰科沃 "Grodekovo" 等。

18. 发货人名称、地址：填写英文全称和详细地址。

19. 收货人名称、地址：填写英文全称和详细地址。

20. 签发日期：用阿拉伯数字填写，年用 4 位阿拉伯数字表示，月和日用两位阿拉伯数字表示，年、月和日之间用间隔号隔开，如 "1997，01，01"。

21. 官方兽医（姓名、职称）：用中英文对照分两行填写，第一行填写中文名，第二行填写英文名，如北京局动检处童扬副处长签发该证书，则应填写为：童扬兽医师 Tong Yang Veterinarian 姓名与职称之间至少空两个字，不打任何符号，如签发人为高级兽医师，英文 Senior Veterinarian。

22. 签字：用蓝色墨水的钢笔或签字笔签中文名。

23. 盖章：加盖由国家局统一制发的中英文对照的检疫证书专用章。

24. 除第 2 项中不得不手写俄文字母和第 22 项、23 项外，其他各项均须正式打印。

25. 证书各项打印内容均不得有涂改之处，不得加盖校正章。

不符合上述规定的证书均为无效证书。

农业部关于印发《农业部关于畜牧兽医行政执法六条禁令》的通知

农医发〔2011〕29号

各省、自治区、直辖市畜牧兽医（农牧、农业）厅（局、委、办），新疆生产建设兵团畜牧兽医局：

近年来，各级畜牧兽医主管部门和动物卫生监督机构不断加强畜牧兽医行政执法工作，推进依法行政，广大畜牧兽医执法人员认真履行监管职责，严格执法，为"两个千方百计，两个努力确保"目标任务的顺利完成提供了重要保障。但是，目前一些地方还存在个别畜牧兽医行政执法人员违反有关行业管理规定、不依法履职、不作为甚至乱作为的现象，造成了不良的社会影响。为严明纪律，树立畜牧兽医行政执法队伍良好形象，保证动物防疫和畜禽产品质量安全各项监管职责落实到位，结合畜牧兽医行政执法的特点，我部制定了《农业部关于畜牧兽医行政执法六条禁令》（以下简称《禁令》），现印发给你们，并提出如下工作要求，请认真贯彻执行。

一、加强组织领导。各级畜牧兽医主管部门和动物卫生监督机构要充分认识当前畜牧兽医行政执法存在问题的严重危害和实施《禁令》的重要意义，认真梳理、明确各级畜牧兽医主管部门和动物卫生监督机构的法定职责和监管任务，将《禁令》要求与职能职责的履行和工作考核紧密结合，切实落到实处，务求取得明显成效，并将其作为一项长期任务，坚持常抓不懈。

二、强化贯彻落实。各级畜牧兽医主管部门和动物卫生监督机构要制定具体实施方案，开展自查整顿，对畜牧兽医行政执法队伍中的违法违纪行为，要从严治理，做到发现一起，严肃查处一起，决不姑息。有关案件的查处情况要及时向上级畜牧兽医主管部门和动物卫生监督机构报告。

三、推进综合执法。各级畜牧兽医主管部门要按照《农业部关于全面加强农业执法扎实推进综合执法的意见》（农政发〔2008〕2号）和《农业部办公厅关于扎实推进基层畜牧兽医综合执法的意见》（农办牧〔2010〕4号）的要求，扎实推进基层畜牧兽医综合执法，健全充实执法队伍、创新监管工作机制、完善财政保障，要从根本上解决制约畜牧兽医行政执法工作开展的根本问题，做到权责一致。

四、接受社会监督。各级畜牧兽医主管部门和动物卫生监督机构要充分利用政务网站、媒体、公示栏等宣传手段，设立并公布举报电话，接受社会对畜牧兽医行政执法人员的监督。有关案件的查处情况要及时向社会公布，自觉接受社会监督。

农业部举报电话：畜牧业司 010-59192848，兽医局 010-59193344。

特此通知。

二〇一一年十二月三十一日

附件：

农业部关于畜牧兽医行政执法六条禁令

一、严禁只收费不检疫；

二、严禁不检疫就出证；

三、严禁重复检疫收费；

四、严禁倒卖动物卫生证章标志；

五、严禁不按规定实施饲料兽药质量监测；

六、严禁发现违法行为不查处。

违反上述禁令者，将视情节轻重，按现行干部管理权限，分别给予记过、记大过、降职、撤职、开除等处分。构成犯罪的，移交司法机关追究刑事责任。

本禁令自二〇一二年一月一日起施行。

山东省动物诊疗机构监管制度（试行）

鲁牧动监发（2014）5 号

第一条 为了加强动物诊疗机构管理，规范动物诊疗行为，保障公共卫生安全，根据《中华人民共和国动物防疫法》、《动物诊疗机构管理办法》、《执业兽医管理办法》等法律、规章和有关文件规定，结合本省实际，制定本制度。

第二条 本制度适用于本省行政区域内动物诊疗机构的监督管理工作。

第三条 县级以上地方人民政府兽医主管部门负责本行政区域内动物诊疗机构的管理。

县级以上地方人民政府设立的动物卫生监督机构负责本行政区域内动物诊疗机构的监督执法工作。

第四条 动物诊疗机构应当依法取得兽医主管部门核发的动物诊疗许可证，并在规定的诊疗活动范围内开展动物诊疗活动。

第五条 申请设立动物诊疗机构的，应当具备下列条件：

（一）有固定的动物诊疗场所，动物诊所面积不少于 $60m^2$，动物医院面积不少于 $100m^2$；

（二）动物诊疗场所选址距离畜禽养殖场、屠宰加工场、动物交易场所不少于 200 米；

（三）动物诊疗场所设有独立的出入口，出入口不得设在居民住宅楼内或者院内，不得与同一建筑物的其他用户共用通道；

（四）具有布局合理的诊疗室、手术室、药房等设施；

（五）具有诊断、手术、消毒、冷藏、常规化验、污水处理等器械设备；

（六）具有 1 名以上取得执业兽医师资格证书的人员；

（七）具有完善的诊疗服务、疫情报告、卫生消毒、兽药处方、药物和无害化处理等管理制度。

第六条 动物诊疗机构从事动物颅腔、胸腔和腹腔手术的，除具备本制度第五条规定的条件外，还应当具有手术台、X 光机或者 B 超等器械设备，并具有 3 名以上取得执业兽医师资格证书的人员。

动物诊疗机构不具备从事动物颅腔、胸腔和腹腔手术能力的，不得使用"动物医院"的名称。

第七条 动物卫生监督机构应当建立动物诊疗机构监管制度，加强对动物诊疗活动的监督管理，对辖区内动物诊疗机构及其从业人员执行法律、法规、规章的情况进行监督检查。

第八条 县级动物卫生监督机构对辖区内动物诊疗机构每半年至少检查一次，并根据需要进行不定期抽查。

市级动物卫生监督机构对辖区内动物诊疗机构每一年至少督查一次，并根据需要进行不定期抽查。

省级动物卫生监督机构不定期对全省动物诊疗机构进行监督抽查。

第九条 动物卫生监督机构对动物诊疗机构基本条件实施监督的主要内容：

（一）动物诊疗场所的诊疗条件；

（二）动物诊疗人员的注册和备案情况；

（三）从事动物诊疗活动必需的人员和设施设备；

（四）是否在诊疗场所显著位置悬挂动物诊疗许可证和公示从业人员基本情况。

第十条 动物卫生监督机构对动物诊疗许可实施监督的主要内容：

（一）动物诊疗许可证是否真实有效；

（二）动物诊疗许可证载明的内容是否与实际相符；

（三）动物诊疗机构设立分支机构是否办理动物诊疗许可证；

（四）动物诊疗许可证有无伪造、变造、转让、出租、出借等情况。

第十一条 动物卫生监督机构对动物诊疗及相关活动实施监督的主要内容：

（一）动物诊疗机构的诊疗服务、疫情报告、卫生消毒、兽药处方、药物和无害化处理等制度执行情况；

（二）动物诊疗机构在诊疗活动中采取的隔离措施及其条件；

（三）动物诊疗机构在诊疗活动中是否参照《医疗废弃物管理条例》的有关规定处理医疗废弃物；

（四）动物诊疗机构的病历档案保存、年度诊疗活动报告等情况；

（五）动物诊疗机构兼营区域与诊疗区域独立设置情况；

（六）动物诊疗机构法定义务履行情况。

第十二条 对动物诊疗机构从业人员监督管理的主要内容：

（一）执业证书是否真实有效，所载内容与实际是否相符；

（二）执业兽医有无同时在两个或两个以上动物诊疗机构执业的情况（动物诊疗机构间的会诊、支援、应邀出诊、急救除外）；

（三）执业兽医师和执业助理兽医师是否在各自执业范围内从

事动物诊疗活动，是否依法履行预防、控制、扑灭动物疫病等法定义务；

（四）执业兽医师是否使用规范处方笺、病历册，并在处方笺、病历册上签名；

（五）执业证书是否存在伪造、变造、出让、出租、出借或者受让、租用、借用等情况。

第十三条 动物卫生监督机构在监督执法过程中，应当客观公正，秉公办事，规范执法，严禁有徇私枉法、滥用职权以及故意刁难相对人等违法违规行为。

第十四条 动物诊疗机构和从业人员应当主动接受动物卫生监督机构的监督检查，不得拒绝、阻挠甚至抗拒检查活动。

第十五条 动物卫生监督机构对动物诊疗机构的监督检查情况要有记录记载，建档保存。

监督检查记录要保存两年以上。

第十六条 动物卫生监督机构要对本年度辖区内动物诊疗机构的基本情况，包括诊疗机构数量、兽医从业人员、案件查处以及监管工作开展等信息，进行汇总整理，并于每年 12 月 31 日之前报上一级动物卫生监督机构。

第十七条 动物卫生监督机构对监督检查中发现的问题应当及时告知动物诊疗机构，并责令限期整改；对违反相关法律法规的，依法进行处理处罚；构成犯罪的，移交司法机关追究刑事责任。

第十八条 本制度由山东省畜牧兽医局负责解释。

第十九条 本制度自 2014 年 6 月 15 日起施行，有效期至 2016 年 6 月 14 日。施行中国家或省里作出新的规定与本制度规定不同的，适用新的规定。

长春市人民政府办公厅关于加强
乡镇畜牧兽医站建设的意见

长府办发〔2011〕20号

各县（市）、区人民政府，市政府各委办局、各直属机构：

为加快推进我市无规定动物疫病区和乡镇畜牧兽医站建设，全面提升乡镇畜牧兽医站（以下简称乡镇站）服务功能，根据《国务院关于推进兽医管理体制改革的若干意见》、《农业部关于深化乡镇畜牧兽医站改革的意见》和《农业部无规定动物疫病区评估管理办法》要求，结合我市实际，经市政府同意，提出如下意见：

一、提高加强乡镇畜牧兽医站建设重要性的认识

乡镇站是最基层的动物防疫机构，是政府为农民提供畜牧兽医技术公共服务的桥梁和纽带，直接面对广大养殖户服务，承担着动物疫病防控的艰巨任务。长期以来，我市乡镇站在防控动物疫病、保障畜牧业健康发展、维护公共卫生安全等方面发挥了重要作用，但也存在基础设施建设落后、队伍不稳定和经费短缺等问题。当前，我市牲畜口蹄疫、高致病性禽流感、高致病性猪蓝耳病等重大动物疫病防控任务仍很繁重，动物及其产品卫生监管责任重大，加强乡镇站的建设，对做好重大动物疫病防控和动物及其产品卫生安全监管具有重要意义。

二、加强乡镇畜牧兽医站基础设施建设，推进我市无规定动物疫病区建设进程

市政府决定，从今年起，利用两年时间，对全市乡镇站进行

一次全面提升改造,从根本上改变乡镇站落后面貌,确保我市在全省率先通过国家无规定动物疫病区评估验收。乡镇站应按照畜禽饲养量、防检疫工作任务、服务半径科学合理规划,原则上按乡镇区划设置,也可以按区域设置。基层站提升改造后要做到"四个统一"(统一建设标准、统一外观色调、统一功能分区、统一标志标牌),以满足动物防疫和兽医公共服务工作的需要。在实施乡镇站提升改造时要完善配套设施,购置必要的仪器、设备,以确保动物防疫工作的需要。

三、增加财政投入,保障乡镇站履行职能

乡镇站是县级畜牧部门的派出机构,属公益性事业单位,在现有92个不达标乡镇站建设过程中,建设资金由市、县(市、区)两级财政按4:6比例负担,建设用地由所在地乡镇政府负责解决。乡镇站开展动物免疫、监测、检疫、动物卫生监管和培训等工作所需经费和人员工资及日常运行经费,按照机构设置的管理权限,纳入县(市)区级财政预算,实行全额预算管理。乡镇站履行公益性职能所开展的新技术示范、推广等服务工作,县(市)、区级财政要通过项目投入的方式予以积极支持。要加强各项经费的监管,按照公开、公正、透明的原则,完善资金管理制度,使资金的管理更加规范和科学,经费实行专款专用,不得挤占、挪用,对虚报冒领、挤占挪用的,要依法严肃处理。

四、加强技术培训,切实提高队伍素质

乡镇站人员要适应动物疫病防控、畜牧业发展和农民需求的变化,不断更新知识。各级畜牧部门要制定乡镇站工作人员培训计划,建立制度化培训教育机制,加强对乡镇站工作人员的知识更新和技术培训。要把队伍建设和用人机制、技术职务聘任紧密结合起来，建立队伍结构不断优化、素质不断提高、服务能力不断增强的体制和机制。要把乡镇站工作人员参加继续教育学习的成绩作为考核晋升的依据，乡镇站工作人员每年参加业务培训的时间不得少于15天。要进一步完善乡镇站工作人员技术职务评聘制度，落实相关待遇，吸引优秀人才从事基层动物疫病防控、检疫监督工作。

五、加强考核评价，提高乡镇站服务水平

建立健全考评机制。县（市）、区级畜牧部门要结合动物疫病防控工作任务、岗位职责，确定对乡镇站工作人员的考核内容和方式，建立健全科学的绩效考评机制和指标体系，强化乡镇站工作人员的责任。对乡镇站工作人员的考核，要建立县（市）区级畜牧主管部门、乡镇政府、服务对象三方共同考核的机制，将工作量和对饲养场（户）监督服务的实绩作为主要考核指标，将群众的满意度评价作为重要的考核内容。建立人员动态管理机制，根据考核结果，决定聘用人员去留。解聘后所缺岗位从原落选人员竞争补岗或通过人事部门组织的公开考评中录用。要改革分配制度，按照"效率优先、兼顾公平"的原则，将乡镇站工作人员的收入与岗位职责、工作业绩挂钩。要建立有利于保障畜牧业健康发展的奖励机制，激励广大畜牧兽医人员深入农村第一线。

长春市人民政府办公厅

二〇一一年五月十日

全国普法学习读本

★ ★ ★ ★ ★

>>>>>>>>>>>>>>>>>>>>>>>>>>>>>>>>

兽医兽药法律法规学习读本

兽药综合法律法规

■ 曾 朝 主编

加大全民普法力度，建设社会主义法治文化，树立宪法法律至上、法律面前人人平等的法治理念。

—— 中国共产党第十九次全国代表大会《决胜全面建成小康社会 夺取新时代中国特色社会主义伟大胜利》

汕头大学出版社

图书在版编目（CIP）数据

兽药综合法律法规／曾朝主编 . -- 汕头：汕头大
学出版社（2021.7重印）
　　（兽医兽药法律法规学习读本）
　　ISBN 978-7-5658-3525-4

　　Ⅰ.①兽… Ⅱ.①曾… Ⅲ.①兽用药-医药卫生管理
-法规-中国-学习参考资料 Ⅳ.①D922.44

中国版本图书馆 CIP 数据核字（2018）第 037638 号

兽药综合法律法规　　　SHOUYAO ZONGHE FALÜ FAGUI

主　　编：曾　朝
责任编辑：邹　峰
责任技编：黄东生
封面设计：大华文苑
出版发行：汕头大学出版社
　　　　　广东省汕头市大学路 243 号汕头大学校园内　　邮政编码：515063
电　　话：0754-82904613
印　　刷：三河市南阳印刷有限公司
开　　本：690mm×960mm 1/16
印　　张：18
字　　数：226 千字
版　　次：2018 年 5 月第 1 版
印　　次：2021 年 7 月第 2 次印刷
定　　价：59.60 元（全 2 册）
ISBN 978-7-5658-3525-4

前 言

习近平总书记指出："推进全民守法，必须着力增强全民法治观念。要坚持把全民普法和守法作为依法治国的长期基础性工作，采取有力措施加强法制宣传教育。要坚持法治教育从娃娃抓起，把法治教育纳入国民教育体系和精神文明创建内容，由易到难、循序渐进不断增强青少年的规则意识。要健全公民和组织守法信用记录，完善守法诚信褒奖机制和违法失信行为惩戒机制，形成守法光荣、违法可耻的社会氛围，使遵法守法成为全体人民共同追求和自觉行动。"

中共中央、国务院曾经转发了中央宣传部、司法部关于在公民中开展法治宣传教育的规划，并发出通知，要求各地区各部门结合实际认真贯彻执行。通知指出，全民普法和守法是依法治国的长期基础性工作。深入开展法治宣传教育，是全面建成小康社会和新农村的重要保障。

普法规划指出：各地区各部门要根据实际需要，从不同群体的特点出发，因地制宜开展有特色的法治宣传教育坚持集中法治宣传教育与经常性法治宣传教育相结合，深化法律进机关、进乡村、进社区、进学校、进企业、进单位的"法律六进"主题活动，完善工作标准，建立长效机制。

特别是农业、农村和农民问题，始终是关系党和人民事业发展的全局性和根本性问题。党中央、国务院发布的《关于推进社会主义新农村建设的若干意见》中明确提出要"加强农村法制建设，深入开展农村普法教育，增强农民的法制观念，提高农民依法行使权利和履行义务的自觉性。"多年普法实践证明，普及法律知识，提高法制观念，增强全社会依法办事意识具有重要作用。特别是在广大农村进行普法教育，是提高全民法律素质的需要。

多年来，我国在农村实行的改革开放取得了极大成功，农村发生了翻天覆地的变化，广大农民生活水平大大得到了提高。但是，由于历史和社会等原因，现阶段我国一些地区农民文化素质还不高，不学法、不懂法、不守法现象虽然较原来有所改变，但仍有相当一部分群众的法制观念仍很淡化，不懂、不愿借助法律来保护自身权益，这就极易受到不法的侵害，或极易进行违法犯罪活动，严重阻碍了全面建成小康社会和新农村步伐。

为此，根据党和政府的指示精神以及普法规划，特别是根据广大农村农民的现状，在有关部门和专家的指导下，特别编辑了这套《全国普法学习读本》。主要包括了广大人民群众应知应懂、实际实用的法律法规。为了辅导学习，附录还收入了相应法律法规的条例准则、实施细则、解读解答、案例分析等；同时为了突出法律法规的实际实用特点，兼顾地方性和特殊性，附录还收入了部分某些地方性法律法规以及非法律法规的政策文件、管理制度、应用表格等内容，拓展了本书的知识范围，使法律法规更"接地气"，便于读者学习掌握和实际应用。

在众多法律法规中，我们通过甄别，淘汰了废止的，精选了最新的、权威的和全面的。但有部分法律法规有些条款不适应当下情况了，却没有颁布新的，我们又不能擅自改动，只得保留原有条款，但附录却有相应的补充修改意见或通知等。众多法律法规根据不同内容和受众特点，经过归类组合，优化配套。整套普法读本非常全面系统，具有很强的学习性、实用性和指导性，非常适合用于广大农村和城乡普法学习教育与实践指导。总之，是全国全民普法的良好读本。

目　录

兽药管理条例

兽药质量管理有关标准

兽药管理条例

中华人民共和国国务院令

第 404 号

《兽药管理条例》已经 2004 年 3 月 24 日国务院第 45 次常务会议通过,现予公布,自 2004 年 11 月 1 日起施行。

总理 温家宝

二〇〇四年四月九日

第一章 总 则

第一条 为了加强兽药管理,保证兽药质量,防治动物疾病,促进养殖业的发展,维护人体健康,制定本条例。

第二条 在中华人民共和国境内从事兽药的研制、生产、经营、进出口、使用和监督管理,应当遵守本条例。

第三条 国务院兽医行政管理部门负责全国的兽药监督管理工作。

县级以上地方人民政府兽医行政管理部门负责本行政区域内的兽药监督管理工作。

第四条 国家实行兽用处方药和非处方药分类管理制度。兽用处方药和非处方药分类管理的办法和具体实施步骤，由国务院兽医行政管理部门规定。

第五条 国家实行兽药储备制度。

发生重大动物疫情、灾情或者其他突发事件时，国务院兽医行政管理部门可以紧急调用国家储备的兽药；必要时，也可以调用国家储备以外的兽药。

第二章　新兽药研制

第六条 国家鼓励研制新兽药，依法保护研制者的合法权益。

第七条 研制新兽药，应当具有与研制相适应的场所、仪器设备、专业技术人员、安全管理规范和措施。

研制新兽药，应当进行安全性评价。从事兽药安全性评价的单位，应当经国务院兽医行政管理部门认定，并遵守兽药非临床研究质量管理规范和兽药临床试验质量管理规范。

第八条 研制新兽药，应当在临床试验前向省、自治区、直辖市人民政府兽医行政管理部门提出申请，并附具该新兽药实验室阶段安全性评价报告及其他临床前研究资料；省、自治区、直辖市人民政府兽医行政管理部门应当自收到申请之日起60个工作日内将审查结果书面通知申请人。

研制的新兽药属于生物制品的，应当在临床试验前向国务院兽医行政管理部门提出申请，国务院兽医行政管理部门应当自收到申请之日起 60 个工作日内将审查结果书面通知申请人。

研制新兽药需要使用一类病原微生物的，还应当具备国务院兽医行政管理部门规定的条件，并在实验室阶段前报国务院兽医行政管理部门批准。

第九条 临床试验完成后，新兽药研制者向国务院兽医行政管理部门提出新兽药注册申请时，应当提交该新兽药的样品和下列资料：

（一）名称、主要成分、理化性质；

（二）研制方法、生产工艺、质量标准和检测方法；

（三）药理和毒理试验结果、临床试验报告和稳定性试验报告；

（四）环境影响报告和污染防治措施。

研制的新兽药属于生物制品的，还应当提供菌（毒、虫）种、细胞等有关材料和资料。菌（毒、虫）种、细胞由国务院兽医行政管理部门指定的机构保藏。

研制用于食用动物的新兽药，还应当按照国务院兽医行政管理部门的规定进行兽药残留试验并提供休药期、最高残留限量标准、残留检测方法及其制定依据等资料。

国务院兽医行政管理部门应当自收到申请之日起 10 个工作日内，将决定受理的新兽药资料送其设立的兽药评审机构进行评审，将新兽药样品送其指定的检验机构复核检验，并自收到评审和复核检验结论之日起 60 个工作日内完成审查。审查合格的，发给新兽药注册证书，并发布该兽药的质量标准；不合格的，应当书面通知申请人。

第十条 国家对依法获得注册的、含有新化合物的兽药的申请人提交的其自己所取得且未披露的试验数据和其他数据实施保护。

自注册之日起 6 年内，对其他申请人未经已获得注册兽药的申请人同意，使用前款规定的数据申请兽药注册的，兽药注册机关不予注册；但是，其他申请人提交其自己所取得的数据的除外。

除下列情况外，兽药注册机关不得披露本条第一款规定的数据：

（一）公共利益需要；

（二）已采取措施确保该类信息不会被不正当地进行商业使用。

第三章　兽药生产

第十一条 设立兽药生产企业，应当符合国家兽药行业发展规划和产业政策，并具备下列条件：

（一）与所生产的兽药相适应的兽医学、药学或者相关专业的技术人员；

（二）与所生产的兽药相适应的厂房、设施；

（三）与所生产的兽药相适应的兽药质量管理和质量检验的机构、人员、仪器设备；

（四）符合安全、卫生要求的生产环境；

（五）兽药生产质量管理规范规定的其他生产条件。

符合前款规定条件的，申请人方可向省、自治区、直辖市人民政府兽医行政管理部门提出申请，并附具符合前款规定条件的证明材料；省、自治区、直辖市人民政府兽医行政管理部门应当自收到申请之日起 20 个工作日内，将审核意见和有关材料报送国务院兽医行政管理部门。

国务院兽医行政管理部门，应当自收到审核意见和有关材料之日起 40 个工作日内完成审查。经审查合格的，发给兽药生产许可证；不合格的，应当书面通知申请人。申请人凭兽药生产许可证办理工商登记手续。

第十二条　兽药生产许可证应当载明生产范围、生产地点、有效期和法定代表人姓名、住址等事项。

兽药生产许可证有效期为 5 年。有效期届满，需要继续生产兽药的，应当在许可证有效期届满前 6 个月到原发证机关申请换发兽药生产许可证。

第十三条　兽药生产企业变更生产范围、生产地点的，应当依照本条例第十一条的规定申请换发兽药生产许可证，申请人凭换发的兽药生产许可证办理工商变更登记手续；变更企业名称、法定代表人的，应当在办理工商变更登记手续后 15 个工作日内，到原发证机关申请换发兽药生产许可证。

第十四条　兽药生产企业应当按照国务院兽医行政管理部门制定的兽药生产质量管理规范组织生产。

国务院兽医行政管理部门，应当对兽药生产企业是否符合兽药生产质量管理规范的要求进行监督检查，并公布检查结果。

第十五条　兽药生产企业生产兽药，应当取得国务院兽医行政管理部门核发的产品批准文号，产品批准文号的有效期为 5 年。兽药产品批准文号的核发办法由国务院兽医行政管理部门制定。

第十六条 兽药生产企业应当按照兽药国家标准和国务院兽医行政管理部门批准的生产工艺进行生产。兽药生产企业改变影响兽药质量的生产工艺的，应当报原批准部门审核批准。

兽药生产企业应当建立生产记录，生产记录应当完整、准确。

第十七条 生产兽药所需的原料、辅料，应当符合国家标准或者所生产兽药的质量要求。

直接接触兽药的包装材料和容器应当符合药用要求。

第十八条 兽药出厂前应当经过质量检验，不符合质量标准的不得出厂。

兽药出厂应当附有产品质量合格证。

禁止生产假、劣兽药。

第十九条 兽药生产企业生产的每批兽用生物制品，在出厂前应当由国务院兽医行政管理部门指定的检验机构审查核对，并在必要时进行抽查检验；未经审查核对或者抽查检验不合格的，不得销售。

强制免疫所需兽用生物制品，由国务院兽医行政管理部门指定的企业生产。

第二十条 兽药包装应当按照规定印有或者贴有标签，附具说明书，并在显著位置注明"兽用"字样。

兽药的标签和说明书经国务院兽医行政管理部门批准并公布后，方可使用。

兽药的标签或者说明书，应当以中文注明兽药的通用名称、成分及其含量、规格、生产企业、产品批准文号（进口兽药注册证号）、产品批号、生产日期、有效期、适应症或者功能主治、用法、用量、休药期、禁忌、不良反应、注意事项、运输贮存保管条件及其他应当说明的内容。有商品名称的，还应当注明商品名称。

除前款规定的内容外，兽用处方药的标签或者说明书还应当印有国务院兽医行政管理部门规定的警示内容，其中兽用麻醉药品、精神药品、毒性药品和放射性药品还应当印有国务院兽医行政管理部门规定的特殊标志；兽用非处方药的标签或者说明书还应当印有国务院兽医行政管理部门规定的非处方药标志。

第二十一条　国务院兽医行政管理部门，根据保证动物产品质量安全和人体健康的需要，可以对新兽药设立不超过 5 年的监测期；在监测期内，不得批准其他企业生产或者进口该新兽药。生产企业应当在监测期内收集该新兽药的疗效、不良反应等资料，并及时报送国务院兽医行政管理部门。

第四章　兽药经营

第二十二条　经营兽药的企业，应当具备下列条件：

（一）与所经营的兽药相适应的兽药技术人员；

（二）与所经营的兽药相适应的营业场所、设备、仓库设施；

（三）与所经营的兽药相适应的质量管理机构或者人员；

（四）兽药经营质量管理规范规定的其他经营条件。

符合前款规定条件的，申请人方可向市、县人民政府兽医行政管理部门提出申请，并附具符合前款规定条件的证明材料；经营兽用生物制品的，应当向省、自治区、直辖市人民政府兽医行政管理部门提出申请，并附具符合前款规定条件的证明材料。

县级以上地方人民政府兽医行政管理部门，应当自收到申请之日起 30 个工作日内完成审查。审查合格的，发给兽药经营许可证；不合格的，应当书面通知申请人。申请人凭兽药经营许可证办理工商登记手续。

第二十三条　兽药经营许可证应当载明经营范围、经营地点、有效期和法定代表人姓名、住址等事项。

兽药经营许可证有效期为 5 年。有效期届满，需要继续经营兽药的，应当在许可证有效期届满前 6 个月到原发证机关申请换发兽药经营许可证。

第二十四条　兽药经营企业变更经营范围、经营地点的，应当依照本条例第二十二条的规定申请换发兽药经营许可证，申请人凭换发的兽药经营许可证办理工商变更登记手续；变更企业名称、法定代表人的，应当在办理工商变更登记手续后 15 个工作日内，到原发证机关申请换发兽药经营许可证。

第二十五条　兽药经营企业，应当遵守国务院兽医行政管理部门制定的兽药经营质量管理规范。

县级以上地方人民政府兽医行政管理部门，应当对兽药经营企业是否符合兽药经营质量管理规范的要求进行监督检查，并公布检查结果。

第二十六条　兽药经营企业购进兽药，应当将兽药产品与产品标签或者说明书、产品质量合格证核对无误。

第二十七条　兽药经营企业，应当向购买者说明兽药的功能主治、用法、用量和注意事项。销售兽用处方药的，应当遵守兽用处方药管理办法。

兽药经营企业销售兽用中药材的，应当注明产地。

禁止兽药经营企业经营人用药品和假、劣兽药。

第二十八条　兽药经营企业购销兽药，应当建立购销记录。购销记录应当载明兽药的商品名称、通用名称、剂型、规格、批号、有效期、生产厂商、购销单位、购销数量、购销日期和国务院兽医行政管理部门规定的其他事项。

第二十九条　兽药经营企业，应当建立兽药保管制度，采取必要的冷藏、防冻、防潮、防虫、防鼠等措施，保持所经营兽药的质量。

兽药入库、出库，应当执行检查验收制度，并有准确记录。

第三十条　强制免疫所需兽用生物制品的经营，应当符合国务院兽医行政管理部门的规定。

第三十一条　兽药广告的内容应当与兽药说明书内容相一致，在全国重点媒体发布兽药广告的，应当经国务院兽医行政管理部门审查批准，取得兽药广告审查批准文号。在地方媒体发布兽药广告的，应当经省、自治区、直辖市人民政府兽医行政管理部门审查批准，取得兽药广告审查批准文号；未经批准的，不得发布。

第五章　兽药进出口

第三十二条　首次向中国出口的兽药，由出口方驻中国境内的办事机构或者其委托的中国境内代理机构向国务院兽医行政管理部门申请注册，并提交下列资料和物品：

（一）生产企业所在国家（地区）兽药管理部门批准生产、销售的证明文件；

（二）生产企业所在国家（地区）兽药管理部门颁发的符合兽药生产质量管理规范的证明文件；

（三）兽药的制造方法、生产工艺、质量标准、检测方法、药理和毒理试验结果、临床试验报告、稳定性试验报告及其他相关资料；用于食用动物的兽药的休药期、最高残留限量标准、残留检测方法及其制定依据等资料；

（四）兽药的标签和说明书样本；

（五）兽药的样品、对照品、标准品；

（六）环境影响报告和污染防治措施；

（七）涉及兽药安全性的其他资料。

申请向中国出口兽用生物制品的，还应当提供菌（毒、虫）种、细胞等有关材料和资料。

第三十三条 国务院兽医行政管理部门，应当自收到申请之日起 10 个工作日内组织初步审查。经初步审查合格的，应当将决定受理的兽药资料送其设立的兽药评审机构进行评审，将该兽药样品送其指定的检验机构复核检验，并自收到评审和复核检验结论之日起 60 个工作日内完成审查。经审查合格的，发给进口兽药注册证书，并发布该兽药的质量标准；不合格的，应当书面通知申请人。

在审查过程中，国务院兽医行政管理部门可以对向中国出口兽药的企业是否符合兽药生产质量管理规范的要求进行考查，并有权要求该企业在国务院兽医行政管理部门指定的机构进行该兽药的安全性和有效性试验。

国内急需兽药、少量科研用兽药或者注册兽药的样品、对照品、标准品的进口，按照国务院兽医行政管理部门的规定办理。

第三十四条 进口兽药注册证书的有效期为 5 年。有效期届满，需要继续向中国出口兽药的，应当在有效期届满前 6 个月到原发证机关申请再注册。

第三十五条 境外企业不得在中国直接销售兽药。境外企业在中国销售兽药，应当依法在中国境内设立销售机构或者委托符合条件的中国境内代理机构。

进口在中国已取得进口兽药注册证书的兽用生物制品的，中国境内代理机构应当向国务院兽医行政管理部门申请允许进口兽用生物制品证明文件，凭允许进口兽用生物制品证明文件到口岸所在地人民政府兽医行政管理部门办理进口兽药通关单；进口在中国已取得进口兽药注册证书的其他兽药的，凭进口兽药注册证书到口岸所在地人民政府兽医行政管理部门办理进口兽药通关单。海关凭进口兽药通关单放行。兽药进口管理办法由国务院兽医行政管理部门会同海关总署制定。

兽用生物制品进口后，应当依照本条例第十九条的规定进行审查核对和抽查检验。其他兽药进口后，由当地兽医行政管理部门通知兽药检验机构进行抽查检验。

第三十六条 禁止进口下列兽药：

（一）药效不确定、不良反应大以及可能对养殖业、人体健康造成危害或者存在潜在风险的；

（二）来自疫区可能造成疫病在中国境内传播的兽用生物制品；

（三）经考查生产条件不符合规定的；

（四）国务院兽医行政管理部门禁止生产、经营和使用的。

第三十七条 向中国境外出口兽药，进口方要求提供兽药出口证明文件的，国务院兽医行政管理部门或者企业所在地的省、自治区、直辖市人民政府兽医行政管理部门可以出具出口兽药证明文件。

国内防疫急需的疫苗，国务院兽医行政管理部门可以限制或者禁止出口。

第六章 兽药使用

第三十八条 兽药使用单位，应当遵守国务院兽医行政管理部门制定的兽药安全使用规定，并建立用药记录。

第三十九条 禁止使用假、劣兽药以及国务院兽医行政管理部门规定禁止使用的药品和其他化合物。禁止使用的药品和其他化合物目录由国务院兽医行政管理部门制定公布。

第四十条 有休药期规定的兽药用于食用动物时，饲养者应当向购买者或者屠宰者提供准确、真实的用药记录；购买者或者屠宰者应当确保动物及其产品在用药期、休药期内不被用于食品消费。

第四十一条 国务院兽医行政管理部门，负责制定公布在饲料中允许添加的药物饲料添加剂品种目录。

禁止在饲料和动物饮用水中添加激素类药品和国务院兽医行政管理部门规定的其他禁用药品。

经批准可以在饲料中添加的兽药，应当由兽药生产企业制成药物饲料添加剂后方可添加。禁止将原料药直接添加到饲料及动物饮用水中或者直接饲喂动物。

禁止将人用药品用于动物。

第四十二条 国务院兽医行政管理部门，应当制定并组织实施国家动物及动物产品兽药残留监控计划。

县级以上人民政府兽医行政管理部门，负责组织对动物产品中兽药残留量的检测。兽药残留检测结果，由国务院兽医行政管理部门或者省、自治区、直辖市人民政府兽医行政管理部门按照权限予以公布。

动物产品的生产者、销售者对检测结果有异议的，可以自收到检测结果之日起 7 个工作日内向组织实施兽药残留检测的兽医行政管理部门或者其上级兽医行政管理部门提出申请，由受理申请的兽医行政管理部门指定检验机构进行复检。

兽药残留限量标准和残留检测方法，由国务院兽医行政管理部门制定发布。

第四十三条　禁止销售含有违禁药物或者兽药残留量超过标准的食用动物产品。

第七章　兽药监督管理

第四十四条　县级以上人民政府兽医行政管理部门行使兽药监督管理权。

兽药检验工作由国务院兽医行政管理部门和省、自治区、直辖市人民政府兽医行政管理部门设立的兽药检验机构承担。国务院兽医行政管理部门，可以根据需要认定其他检验机构承担兽药检验工作。

当事人对兽药检验结果有异议的，可以自收到检验结果之日起 7 个工作日内向实施检验的机构或者上级兽医行政管理部门设立的检验机构申请复检。

第四十五条　兽药应当符合兽药国家标准。

国家兽药典委员会拟定的、国务院兽医行政管理部门发布的

《中华人民共和国兽药典》和国务院兽医行政管理部门发布的其他兽药质量标准为兽药国家标准。

兽药国家标准的标准品和对照品的标定工作由国务院兽医行政管理部门设立的兽药检验机构负责。

第四十六条 兽医行政管理部门依法进行监督检查时，对有证据证明可能是假、劣兽药的，应当采取查封、扣押的行政强制措施，并自采取行政强制措施之日起7个工作日内作出是否立案的决定；需要检验的，应当自检验报告书发出之日起15个工作日内作出是否立案的决定；不符合立案条件的，应当解除行政强制措施；需要暂停生产、经营和使用的，由国务院兽医行政管理部门或者省、自治区、直辖市人民政府兽医行政管理部门按照权限作出决定。

未经行政强制措施决定机关或者其上级机关批准，不得擅自转移、使用、销毁、销售被查封或者扣押的兽药及有关材料。

第四十七条 有下列情形之一的，为假兽药：

（一）以非兽药冒充兽药或者以他种兽药冒充此种兽药的；

（二）兽药所含成分的种类、名称与兽药国家标准不符合的。

有下列情形之一的，按照假兽药处理：

（一）国务院兽医行政管理部门规定禁止使用的；

（二）依照本条例规定应当经审查批准而未经审查批准即生产、进口的，或者依照本条例规定应当经抽查检验、审查核对而未经抽查检验、审查核对即销售、进口的；

（三）变质的；

（四）被污染的；

（五）所标明的适应症或者功能主治超出规定范围的。

第四十八条 有下列情形之一的，为劣兽药：

（一）成分含量不符合兽药国家标准或者不标明有效成分的；

（二）不标明或者更改有效期或者超过有效期的；

（三）不标明或者更改产品批号的；

（四）其他不符合兽药国家标准，但不属于假兽药的。

第四十九条 禁止将兽用原料药拆零销售或者销售给兽药生产企业以外的单位和个人。

禁止未经兽医开具处方销售、购买、使用国务院兽医行政管理部门规定实行处方药管理的兽药。

第五十条 国家实行兽药不良反应报告制度。

兽药生产企业、经营企业、兽药使用单位和开具处方的兽医人员发现可能与兽药使用有关的严重不良反应，应当立即向所在地人民政府兽医行政管理部门报告。

第五十一条 兽药生产企业、经营企业停止生产、经营超过6个月或者关闭的，由原发证机关责令其交回兽药生产许可证、兽药经营许可证，并由工商行政管理部门变更或者注销其工商登记。

第五十二条 禁止买卖、出租、出借兽药生产许可证、兽药经营许可证和兽药批准证明文件。

第五十三条 兽药评审检验的收费项目和标准，由国务院财政部门会同国务院价格主管部门制定，并予以公告。

第五十四条 各级兽医行政管理部门、兽药检验机构及其工作人员，不得参与兽药生产、经营活动，不得以其名义推荐或者监制、监销兽药。

第八章　法律责任

第五十五条　兽医行政管理部门及其工作人员利用职务上的便利收取他人财物或者谋取其他利益，对不符合法定条件的单位和个人核发许可证、签署审查同意意见，不履行监督职责，或者发现违法行为不予查处，造成严重后果，构成犯罪的，依法追究刑事责任；尚不构成犯罪的，依法给予行政处分。

第五十六条　违反本条例规定，无兽药生产许可证、兽药经营许可证生产、经营兽药的，或者虽有兽药生产许可证、兽药经营许可证，生产、经营假、劣兽药的，或者兽药经营企业经营人用药品的，责令其停止生产、经营，没收用于违法生产的原料、辅料、包装材料及生产、经营的兽药和违法所得，并处违法生产、经营的兽药（包括已出售的和未出售的兽药，下同）货值金额2倍以上5倍以下罚款，货值金额无法查证核实的，处10万元以上20万元以下罚款；无兽药生产许可证生产兽药，情节严重的，没收其生产设备；生产、经营假、劣兽药，情节严重的，吊销兽药生产许可证、兽药经营许可证；构成犯罪的，依法追究刑事责任；给他人造成损失的，依法承担赔偿责任。生产、经营企业的主要负责人和直接负责的主管人员终身不得从事兽药的生产、经营活动。

擅自生产强制免疫所需兽用生物制品的，按照无兽药生产许可证生产兽药处罚。

第五十七条　违反本条例规定，提供虚假的资料、样品或者采取其他欺骗手段取得兽药生产许可证、兽药经营许可证或者兽药批准证明文件的，吊销兽药生产许可证、兽药经营许可证或者撤销兽药批准证明文件，并处 5 万元以上 10 万元以下罚款；给他人造成损失的，依法承担赔偿责任。其主要负责人和直接负责的主管人员终身不得从事兽药的生产、经营和进出口活动。

第五十八条 买卖、出租、出借兽药生产许可证、兽药经营许可证和兽药批准证明文件的，没收违法所得，并处 1 万元以上 10 万元以下罚款；情节严重的，吊销兽药生产许可证、兽药经营许可证或者撤销兽药批准证明文件；构成犯罪的，依法追究刑事责任；给他人造成损失的，依法承担赔偿责任。

第五十九条 违反本条例规定，兽药安全性评价单位、临床试验单位、生产和经营企业未按照规定实施兽药研究试验、生产、经营质量管理规范的，给予警告，责令其限期改正；逾期不改正的，责令停止兽药研究试验、生产、经营活动，并处 5 万元以下罚款；情节严重的，吊销兽药生产许可证、兽药经营许可证；给他人造成损失的，依法承担赔偿责任。

违反本条例规定，研制新兽药不具备规定的条件擅自使用一类病原微生物或者在实验室阶段前未经批准的，责令其停止实验，并处 5 万元以上 10 万元以下罚款；构成犯罪的，依法追究刑事责任；给他人造成损失的，依法承担赔偿责任。

第六十条 违反本条例规定，兽药的标签和说明书未经批准的，责令其限期改正；逾期不改正的，按照生产、经营假兽药处罚；有兽药产品批准文号的，撤销兽药产品批准文号；给他人造成损失的，依法承担赔偿责任。

兽药包装上未附有标签和说明书，或者标签和说明书与批准的内容不一致的，责令其限期改正；情节严重的，依照前款规定处罚。

第六十一条 违反本条例规定，境外企业在中国直接销售兽药的，责令其限期改正，没收直接销售的兽药和违法所得，并处5万元以上10万元以下罚款；情节严重的，吊销进口兽药注册证书；给他人造成损失的，依法承担赔偿责任。

第六十二条 违反本条例规定，未按照国家有关兽药安全使用规定使用兽药的、未建立用药记录或者记录不完整真实的，或者使用禁止使用的药品和其他化合物的，或者将人用药品用于动物的，责令其立即改正，并对饲喂了违禁药物及其他化合物的动物及其产品进行无害化处理；对违法单位处1万元以上5万元以下罚款；给他人造成损失的，依法承担赔偿责任。

第六十三条 违反本条例规定，销售尚在用药期、休药期内的动物及其产品用于食品消费的，或者销售含有违禁药物和兽药残留超标的动物产品用于食品消费的，责令其对含有违禁药物和兽药残留超标的动物产品进行无害化处理，没收违法所得，并处3万元以上10万元以下罚款；构成犯罪的，依法追究刑事责任；给他人造成损失的，依法承担赔偿责任。

第六十四条 违反本条例规定，擅自转移、使用、销毁、销售被查封或者扣押的兽药及有关材料的，责令其停止违法行为，给予警告，并处5万元以上10万元以下罚款。

第六十五条 违反本条例规定，兽药生产企业、经营企业、兽药使用单位和开具处方的兽医人员发现可能与兽药使用有关的严重不良反应，不向所在地人民政府兽医行政管理部门报告的，给予警告，并处5000元以上1万元以下罚款。

生产企业在新兽药监测期内不收集或者不及时报送该新兽药的疗效、不良反应等资料的，责令其限期改正，并处1万元以上5

万元以下罚款；情节严重的，撤销该新兽药的产品批准文号。

第六十六条 违反本条例规定，未经兽医开具处方销售、购买、使用兽用处方药的，责令其限期改正，没收违法所得，并处5万元以下罚款；给他人造成损失的，依法承担赔偿责任。

第六十七条 违反本条例规定，兽药生产、经营企业把原料药销售给兽药生产企业以外的单位和个人的，或者兽药经营企业拆零销售原料药的，责令其立即改正，给予警告，没收违法所得，并处2万元以上5万元以下罚款；情节严重的，吊销兽药生产许可证、兽药经营许可证；给他人造成损失的，依法承担赔偿责任。

第六十八条 违反本条例规定，在饲料和动物饮用水中添加激素类药品和国务院兽医行政管理部门规定的其他禁用药品，依照《饲料和饲料添加剂管理条例》的有关规定处罚；直接将原料药添加到饲料及动物饮用水中，或者饲喂动物的，责令其立即改正，并处1万元以上3万元以下罚款；给他人造成损失的，依法承担赔偿责任。

第六十九条 有下列情形之一的，撤销兽药的产品批准文号或者吊销进口兽药注册证书：

（一）抽查检验连续2次不合格的；

（二）药效不确定、不良反应大以及可能对养殖业、人体健康造成危害或者存在潜在风险的；

（三）国务院兽医行政管理部门禁止生产、经营和使用的兽药。

被撤销产品批准文号或者被吊销进口兽药注册证书的兽药，不得继续生产、进口、经营和使用。已经生产、进口的，由所在地兽医行政管理部门监督销毁，所需费用由违法行为人承担；给他人造成损失的，依法承担赔偿责任。

第七十条 本条例规定的行政处罚由县级以上人民政府兽医行政管理部门决定；其中吊销兽药生产许可证、兽药经营许可证、撤销兽药批准证明文件或者责令停止兽药研究试验的，由原发证、批准部门决定。

上级兽医行政管理部门对下级兽医行政管理部门违反本条例的行政行为，应当责令限期改正；逾期不改正的，有权予以改变或者撤销。

第七十一条 本条例规定的货值金额以违法生产、经营兽药的标价计算；没有标价的，按照同类兽药的市场价格计算。

第九章 附 则

第七十二条 本条例下列用语的含义是：

（一）兽药，是指用于预防、治疗、诊断动物疾病或者有目的地调节动物生理机能的物质（含药物饲料添加剂），主要包括：血清制品、疫苗、诊断制品、微生态制品、中药材、中成药、化学药品、抗生素、生化药品、放射性药品及外用杀虫剂、消毒剂等。

（二）兽用处方药，是指凭兽医处方方可购买和使用的兽药。

（三）兽用非处方药，是指由国务院兽医行政管理部门公布的、不需要凭兽医处方就可以自行购买并按照说明书使用的兽药。

（四）兽药生产企业，是指专门生产兽药的企业和兼产兽药的企业，包括从事兽药分装的企业。

（五）兽药经营企业，是指经营兽药的专营企业或者兼营企业。

（六）新兽药，是指未曾在中国境内上市销售的兽用药品。

（七）兽药批准证明文件，是指兽药产品批准文号、进口兽药注册证书、允许进口兽用生物制品证明文件、出口兽药证明文件、新兽药注册证书等文件。

第七十三条 兽用麻醉药品、精神药品、毒性药品和放射性药品等特殊药品，依照国家有关规定管理。

第七十四条 水产养殖中的兽药使用、兽药残留检测和监督管理以及水产养殖过程中违法用药的行政处罚，由县级以上人民政府渔业主管部门及其所属的渔政监督管理机构负责。

第七十五条 本条例自 2004 年 11 月 1 日起施行。

附　录

农业部关于促进兽药产业健康发展的指导意见

农医发〔2016〕15号

各省、自治区、直辖市畜牧兽医（农牧、农业）厅（局、委、办），新疆生产建设兵团畜牧兽医局，中国兽医药品监察所（农业部兽药评审中心）：

兽药产业是促进养殖业健康发展的基础性产业，在保障动物源性食品安全和公共卫生安全等方面具有重要作用。近年来，我国兽药产业发展迅速，产业规模快速增长，产品质量不断提高，服务能力显著增强。但是，兽药产业自主创新能力不强、产业结构不合理、产品同质化严重、市场秩序不规范、监管体系不健全等问题依然存在，产业发展与监管工作仍面临诸多挑战。为适应我国经济社会发展和健康养殖需要，现就促进兽药产业健康发展提出以下意见。

一、充分认识促进兽药产业健康发展的重要意义

（一）促进兽药产业发展是保障养殖业稳定健康发展、促进农民增收的客观要求。兽药是预防、治疗和诊断动物疾病的重要物资，是保障养殖业健康稳定发展不可或缺的投入品。促进兽药产

业健康发展，提供安全、有效、质量可控的兽药，有利于增强动物疾病防治能力，提高养殖业生产效率和质量安全水平，促进农民增收。

（二）促进兽药产业发展是保障动物源性食品安全的必然选择。促进兽药产业健康发展，加强兽药生产、经营和使用全程监管，推广使用安全、有效、低毒、低残留兽药是管理兽药残留相关动物源性食品安全风险的有效手段，有利于保障人民群众"舌尖上的安全"。

（三）促进兽药产业发展是维护公共卫生安全的客观需要。优质高效的兽用疫苗、兽医诊断制品，对于防控禽流感、口蹄疫、猪链球菌病等突发重大动物疫情，维护公共卫生安全具有重要作用。促进兽药产业健康发展，将为重大动物疫病和人畜共患病防控工作提供有力的物质保障。

二、总体要求

（四）指导思想。牢固树立创新、协调、绿色、开放、共享的发展理念，贯彻落实党中央、国务院关于食品安全工作的决策部署，按照去产能、去库存、去杠杆、降成本、补短板的要求，以转变兽药产业发展方式为主线，以满足动物疫病防控需要、保障动物源性食品安全、公共卫生安全、生态环境安全为出发点和落脚点，健全兽药行政管理、技术支撑和执法监督体系，完善政策法规标准，加强产业结构调整和科技创新，提升兽药监管能力，促进兽药产业健康发展。

（五）基本原则

——坚持依法行政与落实责任相结合。完善管理体制，创新监管机制，依法严格监管。强化企业质量主体责任，健全质量管理体系，严格执行兽药生产质量管理规范（GMP）、经营质量管理规范（GSP）等规定，保障和提升产品质量。

——坚持创新驱动与结构调整相结合。坚持分类指导，完善审评制度，加快审批急需兽药。优化创新环境，激发创新活力，强化新产品、新技术等要素支撑。支持技术改造和生产建设，鼓励企业调整产品结构，丰富兽药市场，促进产业发展。

——坚持市场主导与政府引导相结合。尊重市场规律，强化企业市场主体地位。加强政府引导，严格控制新增产能，加快淘汰落后产能，推进企业转型发展、产业结构优化升级。

——坚持全程监管与诚信自律相结合。实施兽药质量全程监管，维护公平竞争市场秩序。建立诚信管理制度，改善市场诚信环境。充分发挥行业协会等中介组织在品牌孵化、行业自律等方面的功能和作用，规范行业发展。

（六）主要目标

力争到 2020 年实现以下目标。

——产业结构进一步优化。中型以上兽药生产企业达到 70% 以上，产能利用率提高 10 个百分点以上，产业小散乱局面有效扭转，集中度进一步提升，形成若干具有自主知识产权、品牌名优、竞争力强的大型兽药生产企业，力争兽药产业生产产值达到 550 亿元，实现产业质量和效益同步提升。

——兽药质量进一步提高。兽药质量抽检合格率稳定保持在 95% 以上，畜禽产品兽药残留检测合格率超过 97%，兽药生产经营行为进一步规范，生产经营主体的守法意识进一步增强，兽药质量安全水平稳步提高。

——产品种类进一步丰富。畜禽、宠物、蜂蚕以及水产养殖用兽药产品不断丰富，新制剂和现代中兽药制剂开发等取得重大进展，基本形成门类较为齐全、品种相对多样、技术较为先进、产品相对丰富的兽药生产格局。

——兽药监管体系进一步完善。兽药管理政策和法规体系进一步健全，标准规范更加科学完善，行业监督管理更加有效，促进产业持续健康发展的政策、法规、标准体系和市场环境更加优化。

——技术支撑和科技创新能力进一步提升。兽药注册审评技术规范更加完善，技术支撑体系更加健全，兽药、兽药残留及耐药性检测能力大幅提高。产业技术研发创新体制机制更加完善，企业创新能力明显增强，兽药科技总体水平得到较大提升。

三、优化产业结构，提升集约发展水平

（七）发挥市场主体作用。充分发挥市场在资源配置中的决定性作用，激发各类市场主体在兽药产业发展中的活力。引导社会资本投资新兽药研发、兽药生产和营销，形成一批研发能力强、生产技术先进和营销网络完善的兽药产业集团。鼓励兽药企业通过兼并、重组、入股、收购等方式，加快淘汰"小、散、差"等落后产能，提高兽药产业规模化水平和集约化程度。引导兽药企业与养殖企业、动物诊疗机构等兽药使用单位建立更紧密的联系，提高兽药产品和营销服务的针对性和适用性。

（八）抑制企业盲目扩张。加强宏观调控，坚决遏制兽药生产企业低水平重复建设势头。改革完善强制免疫疫苗定点企业指定制度。严格控制和逐步压减转瓶培养方式、粉散预混剂等简单剂型的过剩生产能力。提高兽药产品批准文号技术审查标准，严把兽药产品准入关。修订完善兽药 GMP 管理规范，提高兽药生产企业准入门槛，坚决淘汰管理水平低、生产工艺落后和质量安全隐患多的生产企业。

（九）调整产品结构。支持发展动物专用原料药及制剂、安全高效的多价多联疫苗、新型标记疫苗及兽医诊断制品。加快发展宠物、牛羊、蜂蚕以及水产养殖用动物专用药，微生态制剂及低毒环保消毒剂。加快开发水禽、宠物、牛羊和水产用疫苗。逐步淘汰有潜在安全风险、疗效不确切等问题的兽药。

（十）优化生产技术结构。重点发展悬浮培养、浓缩纯化、基因工程等疫苗生产研制技术，提高疫苗生产技术水平。加大兽医诊断制品规模化、标准化和产业化生产技术研发力度，重点强化稳定性和可重复性等生产工艺的研究。支持利用现代先进技术开发浇泼剂（透皮剂）、缓释、控释剂、靶向、粘膜给药制剂等新剂型、新工艺。

（十一）加快中兽药产业发展。支持中兽药产业发展，建立符合中兽药特点的注册制度。鼓励并支持对疗效确切的传统中兽药进行"二次开发"，简化源自经典名方复方制剂的审批。整合中兽药企业优势资源，打造一批知名中兽药生产企业。加大传统中兽药传承和现代中兽药创新研究。加大知识产权保护力度，支持中兽药新产品研发。鼓励中兽药应用现代中药生产新技术、新工艺提高中兽药质量控制技术。加强疗效确切中兽药和药物饲料添加剂研发，扶持饲用抗生素替代产品创制，支持兽医专用药材标准化种植基地建设。

四、加强技术创新，提升产业竞争能力

（十二）推进创新体系建设。支持产学研用相结合，鼓励建立企业间、院企间、校企间的研究共享平台，推进国家重大科研设施和大型仪器设备向社会开放，形成分工协作、优势互补的兽药科技创新和转化格局，引导企业在科技创新中发挥主体作用，支持有条件的企业建立研发机构，增强具有自主知识产权产品的研发能力。加强兽药科技信息采集发布工作，定期发布兽药科研、市场等信息，减少盲目开发与重复建设。

（十三）强化质控技术研发。大力开展兽药检验检测新技术研究。以禁用兽药和人用抗菌药为重点，加大兽药特别是中兽药中非法添加其他成分检测方法标准的研究、制定力度。推进兽药快速检验技术研究以及在基层的应用。鼓励生产企业和检验机构开展兽用生物制品效力检验替代方法的研究和应用。开展原辅材料质量控制、无特定病原体（SPF）鸡（胚）病原微生物检测方法、标准试剂研究。开展疫苗免疫效果评价和风险分析研究。加强残留检测技术研究，研制高通量快速检测试剂盒。开展动物源细菌耐药性监测、风险评估和控制技术研究。

（十四）加强人才队伍建设。充分发挥兽药检验机构、大专院校、科研单位和行业协会等方面优势，加快培养兽药产业科技领军人才和创新团队，增强兽药产业科技力量。顺应市场需求和产业结构调整，有序扩大社会化职业技能鉴定范围，开展新兴职业能力考核认证。加强技能服务型实用人才培训，鼓励社会力量参与职业技能开发，不断完善学校教育与企业培养、政府推动与社会支持相结合的兽药技能人才培养体系。

五、完善技术支撑体系，夯实产业发展基础

（十五）完善质量标准体系。研究出台兽药标准管理办法，探索建立以兽药典为基础、注册标准为主体、企业标准为补充，内容完整、层次分明的兽药标准体系。加强标准的科学研究，提高标准的科学性、先进性和适用性。建立兽药标准评价和淘汰机制，及时清理、淘汰风险较高、检测项目不全的质量标准。积极开展兽药生产用辅料、包装材料的质量标准研究。逐步完善兽医器械标准体系。鼓励企业实施高于国家标准的企业标准。加强国际合作和交流，推动我国兽药标准与国际接轨。

（十六）完善质量检验体系。研究制定省、地（市）兽药检验机构建设标准。加强兽药检验机构检测能力建设。开展地（市）级兽药检测能力考核，对符合条件的机构，依法授权其开展兽药检测活动。加快区域兽用生物制品检测实验室建设步伐，鼓励企业兽药质量检测室申请实验室认证，完善兽用生物制品检测体系。建立全国兽药检验技术信息数据管理平台，促进技术交流和资源共享。

（十七）完善残留监控体系。在加强国家兽药残留基准实验室和各省级兽药残留检测机构基础建设的同时，强化地市级兽药残留检测能力建设。完善兽药残留限量标准体系，制定完善兽药残留检测办法，为全面开展残留检测提供技术支持。鼓励企业兽药残留检测室申请实验室认证，提高企业的检验水平。完善兽药残留快速检测试剂盒管理，鼓励开展动物产品兽药残留快速检测。持续实施兽药残留监控计划，提高检测覆盖面，强化阳性样品追溯管理。

（十八）完善风险评估体系。制定兽药风险评估和安全评价技术规范。完善新兽药安全评价标准，强化兽药上市前风险评估。加强对有潜在安全风险兽药品种的安全性监测和再评价工作，推进药物饲料添加剂再评价。合理布局全国动物源细菌耐药性监测点，完善国家动物源细菌耐药性监测数据库，为临床科学用药提供技术支撑。

（十九）完善标准物质制备体系。加强兽药标准物质管理，完善标准物质制备和标定规程，建立兽药标准物质审核制度，实行兽药标准物质与新兽药注册、进口兽药注册与再注册或变更注册关联审批。建立无法定标准物质的兽药产品退市制度，清理无法定标准物质的进口兽药注册标准和产品批准文号。鼓励科研机构和生产企业参与标准物质研发和制备工作，提升兽药标准物质制备和供应能力。

六、创新营销发展模式，营造良好市场环境

（二十）加强品牌建设。实施兽药品牌创新战略，引导兽药企业通过技术创新、服务创新和品质创新，培育一批拥有自主知识产权、市场竞争能力强、国际影响力大的兽药知名品牌、驰名商标。完善兽药广告审查制度，加大对兽药品牌宣传推广力度，提高品牌兽药知名度和市场占有率。加大兽药品牌保护力度，会同有关部门严厉打击虚假宣传、假冒侵权等违法行为。

（二十一）构建现代营销模式。推进兽药流通企业资源整合，加快构建现代兽药物流体系。加快推进兽药 GSP 修订步伐，适当简化兽药连锁经营许可手续，放宽仓储设施要求，允许跨地（市）设立仓储中心，发展兽药连锁经营。鼓励大型兽药生产企业设置区域配送中心，主动适应现代物流业态。加快研究制定互联网兽药经营管理办法，推动兽药电子商务发展，规范兽药网络经营行为。

（二十二）加强诚信体系建设。建立兽药诚信管理制度，改善市场诚信环境。建立兽药研发、生产和经营企业信用记录，依法、客观收集信用信息。实施跨部门失信行为联合惩戒，严把行政许可审批关。鼓励各地开展企业信用等级评价，实施差别化监管。充分发挥行业协会在促进行业自律、规范行业秩序、维护行业声誉等方面的重要作用。加强对兽药企业的社会诚信监督，推行行业自律公约，引导企业加强自律，营造健康有序发展环境。

七、深化对外合作，增强产业国际竞争能力

（二十三）拓展国际发展空间。充分利用国内国际两个市场、两种资源，不断拓展兽药产业发展空间。研究制订兽药加工出口管理制度，允许国内兽药生产企业开展国际代加工服务。开展境外兽药管理法律法规研究，提高企业国际注册能力。鼓励有条件的兽药企业"走出去"，以参股控股、并购、租赁、境外上市、设立研发中心或在外设厂等方式进入国际市场，引导和支持兽药领域国际产能和技术合作。

（二十四）深化对外开放。建立公开、透明、平等、规范的兽药产业准入制度，不断扩大开放领域。推进进口兽用生物制品代理制度改革，完善境外兽药企业在华经营自身产品的管理制度。积极引进先进的管理经验和科学技术，加快推进我国兽药企业的技术升级和产业转型，提升我国兽药的国际竞争力。

八、提高监管能力，规范产业发展秩序

（二十五）提高监督执法能力和水平。按照"属地管理，分级负责，强化监督"的原则，整合执法资源，大力推进综合执法。加强基层执法队伍和执法能力建设。加强与公安、食药等部门的协调配合，建立行政管理、监督执法、质量检验机构协作机制，做好行政执法与刑事司法衔接。完善上下级和同级政府兽药行政许可、监督执法、质量检验信息通报制度，加强对大案、要案、跨区域案件协查、督查力度，依法从重处罚兽药生产经营使用违法行为。全面落实《全国兽药（抗菌药）综合治理五年行动方案（2015—2019 年）》，开展系统全面的兽用抗菌药滥用及非法兽药综合治理行动。

（二十六）强化质量全程监管。督促企业落实兽药质量安全主体责任，严格执行生物安全管理等规定。全面推进兽药"二维码"标识管理。建立完善兽用疫苗从生产到使用的全程可追溯制度，强化疫苗存储、运输冷链监督管理。完善兽药监督抽检制度，强化假劣兽药的溯源执法。建立健全生产经营企业重点监控制度，实施精准监督检查。加大兽药分类管理制度实施力度，规范兽用处方药销售、使用行为。健全完善兽药不良反应报告制度，保证兽药的安全有效。加大养殖安全用药宣传培训力度，严格执行休药期制度，规范养殖用药行为。

（二十七）加强管理信息化建设。完善兽药行政审批和监管信息为基础的国家兽药产品基础信息数据库，及时采集、发布兽药行业信息。完善兽药行政审批信息系统，构建网上申报平台，逐步实现行政许可事项审批全程网络化。完善国家兽药产品追溯系统，建立贯穿兽药生产、经营和使用各环节，覆盖各品种、全过程的兽药"二维码"追溯监管体系。

九、加强统筹协调，完善产业发展措施

（二十八）健全完善法规规章。加快兽药法律法规制修订步伐，探索建立兽药分级分类管理、知识产权保护、兽药委托生产等制度，完善兽药注册、兽药生产许可、产品批准文号管理、兽用生物制品经营管理、兽药质量监督抽检、兽药临床和非临床试验监督检查等规章，严格新兽药界定，为兽药产业健康发展提供法制保障。

（二十九）改革技术审评制度。探索建立全程责任到人、终身负责的审评制度。合理界定兽药注册申请人、兽药审评责任人和专家的权利和职责，推进兽药审评职业化，建立科学高效的兽药技术审评新机制。加强审评队伍建设，调整审评及检测收费政策，平衡兽药审评能力与注册申请数量，确保审评质量。完善重大动物疫病应急兽药审批制度。简化审评环节、缩短审评周期，加快宠物、蜂、蚕、运动马匹以及水产养殖用新兽药特别是水生动物用疫苗的审评审批进程。采取宠物用兽药标准单列、靶动物增加、人用药标准转化等措施，加快宠物用兽药上市步伐。突出制品特异性、敏感性、一致性和可重复性评价，简化兽医诊断制品审评程序。开展兽药注册资料现场核查工作，规范兽药研制秩序。建立审评单位与申请人沟通交流机制，提高审评审批透明度，实现审评标准、审批程序、审批结果"三公开"。

（三十）加大投入和政策扶持力度。积极协调、争取各有关部门提供必要的信贷、税收等政策支持和资金保障，支持兽药监管基础设施建设，配备必要的交通、通讯工具和执法取证、信息化办公设备，提高兽药监管能力，保证兽药监管工作顺利开展。

（三十一）营造良好社会氛围。充分利用广播、电视、报纸等传统媒体及互联网、移动互联网等新兴媒体进行广泛宣传，提高兽药行业社会认知度。加强行业综合性展会的管理，充分利用展会宣传兽药产业发展成就，提高兽药行业形象。加大对优秀企业、单位宣传，积极营造有利于提振行业信心、促进产业健康发展的舆论氛围。

新兽药研制管理办法

中华人民共和国农业部令

第 55 号

《新兽药研制管理办法》已于 2005 年 7 月 27 日经农业部第 17 次常务会议审议通过，现予以发布，自 2005 年 11 月 1 日起施行。

农业部部长

二〇〇五年八月三十一日

第一章 总 则

第一条 为了保证兽药的安全、有效和质量，规范兽药研制活动，根据《兽药管理条例》和《病原微生物实验室生物安全管理条例》，制定本办法。

第二条 在中华人民共和国境内从事新兽药临床前研究、临床试验和监督管理，应当遵守本办法。

第三条 农业部负责全国新兽药研制管理工作，对研制新兽药使用一类病原微生物（含国内尚未发现的新病原微生物）、属于生物制品的新兽药临床试验进行审批。

省级人民政府兽医行政管理部门负责对其他新兽药临床试验审批。

县级以上地方人民政府兽医行政管理部门负责本辖区新兽药研制活动的监督管理工作。

第二章 临床前研究管理

第四条 新兽药临床前研究包括药学、药理学和毒理学研究，具体研究项目如下：

生物制品（包括疫苗、血清制品、诊断制品、微生态制品等）：菌毒种、细胞株、生物组织等起始材料的系统鉴定、保存条件、遗传稳定性、实验室安全和效力试验及免疫学研究等；

其他兽药（化学药品、抗生素、消毒剂、生化药品、放射性药品、外用杀虫剂）：生产工艺、结构确证、理化性质及纯度，剂型选择、处方筛选，检验方法、质量指标，稳定性，药理学、毒理学等；

中药制剂（中药材、中成药）：除具备其他兽药的研究项目外，还应当包括原药材的来源、加工及炮制等。

第五条 研制新兽药，应当进行安全性评价。新兽药的安全性评价系指在临床前研究阶段，通过毒理学研究等对一类新化学药品和抗生素对靶动物和人的健康影响进行风险评估的过程，包括急性毒性、亚慢性毒性、致突变、生殖毒性（含致畸）、慢性毒性（含致癌）试验以及用于食用动物时日允许摄入量（ADI）和最高残留限量（MRL）的确定。

承担新兽药安全性评价的单位应当具有农业部认定的资格，执行《兽药非临床研究质量管理规范》，并参照农业部发布的有关技术指导原则进行试验。采用指导原则以外的其他方法和技术进行试验的，应当提交能证明其科学性的资料。

第六条 研制新兽药需要使用一类病原微生物的，应当按照

《病原微生物实验室生物安全管理条例》和《高致病性动物病原微生物实验室生物安全管理审批办法》等有关规定，在实验室阶段前取得实验活动批准文件，并在取得《高致病性动物病原微生物实验室资格证书》的实验室进行试验。

申请使用一类病原微生物时，除提交《高致病性动物病原微生物实验室生物安全管理审批办法》要求的申请资料外，还应当提交研制单位基本情况、研究目的和方案、生物安全防范措施等书面资料。必要时，农业部指定参考试验室对病原微生物菌（毒）种进行风险评估和适用性评价。

第七条 临床前药理学与毒理学研究所用化学药品、抗生素，应当经过结构确证确认为所需要的化合物，并经质量检验符合拟定质量标准。

第三章 临床试验审批

第八条 申请人进行临床试验，应当在试验前提出申请，并提交下列资料：

（一）《新兽药临床试验申请表》一份；

（二）申请报告一份，内容包括研制单位基本情况；新兽药名称、来源和特性；

（三）临床试验方案原件一份；

（四）委托试验合同书正本一份；

（五）试验承担单位资质证明复印件一份；

（六）本办法第四条规定的有关资料一份；

（七）试制产品生产工艺、质量标准（草案）、试制研究总结报告及检验报告；

（八）试制单位《兽药 GMP 证书》和《兽药生产许可证》复印件；

（九）使用一类病原微生物的，还应当提交农业部的批准文件复印件。

属于生物制品的新兽药临床试验，还应当提供生物安全防范基本条件、菌（毒、虫）种名称、来源和特性方面的资料。

属于其他新兽药临床试验，还应当提供农业部认定的兽药安全评价实验室出具的安全性评价试验报告原件一份，或者提供国内外相关药理学和毒理学文献资料。

第九条 属于生物制品的新兽药临床试验，应当向农业部提出申请；其他新兽药临床试验，应当向所在地省级人民政府兽医行政管理部门提出申请。

农业部或者省级人民政府兽医行政管理部门收到新兽药临床试验申请后，应当对临床前研究结果的真实性和完整性，以及临床试验方案进行审查。必要时，可以派至少 2 人对申请人临床前研究阶段的原始记录、试验条件、生产工艺以及试制情况进行现场核查，并形成书面核查报告。

第十条 农业部或者省级人民政府兽医行政管理部门应当自受理申请之日起 60 个工作日内做出是否批准的决定，确定试验区域和试验期限，并书面通知申请人。省级人民政府兽医行政管理部门做出批准决定后，应当及时报农业部备案。

第四章　监督管理

第十一条 临床试验批准后应当在 2 年内实施完毕。逾期未完成的，可以延期一年，但应当经原批准机关批准。

临床试验批准后变更申请人的，应当重新申请。

第十二条 承担兽药临床试验的单位应当具有农业部认定的相应试验资格。

兽药临床试验应当执行《兽药临床试验质量管理规范》。

第十三条 兽药临床试验应当参照农业部发布的兽药临床试验技术指导原则进行。采用指导原则以外的其他方法和技术进行试验的，应当提交能证明其科学性的资料。

第十四条 临床试验用兽药应当在取得《兽药 GMP 证书》的企业制备，制备过程应当执行《兽药生产质量管理规范》。

根据需要，农业部或者省级人民政府兽医行政管理部门可以对制备现场进行考察。

第十五条 申请人对临床试验用兽药和对照用兽药的质量负责。临床试验用兽药和对照用兽药应当经中国兽医药品监察所或者农业部认定的其他兽药检验机构进行检验，检验合格的方可用于试验。

临床试验用兽药标签应当注明批准机关的批准文件号、兽药名称、含量、规格、试制日期、有效期、试制批号、试制企业名称等，并注明"供临床试验用"字样。

第十六条 临床试验用兽药仅供临床试验使用，不得销售，不得在未批准区域使用，不得超过批准期限使用。

第十七条 临床试验需要使用放射元素标记药物的，试验单位应当有严密的防辐射措施，使用放射元素标记药物的动物处理应当符合环保要求。

因试验死亡的临床试验用食用动物及其产品不得作为动物性食品供人消费，应当作无害化处理；临床试验用食用动物及其产品供人消费的，应当提供农业部认定的兽药安全性评价实验室出具的对人安全并超过休药期的证明。

第十八条 临床试验应当根据批准的临床试验方案进行。如需变更批准内容的，申请人应向原批准机关报告变更后的试验方案，并说明依据和理由。

第十九条 临床试验的受试动物数量应当根据临床试验的目的，符合农业部规定的最低临床试验病例数要求或相关统计学的要求。

第二十条 因新兽药质量或其他原因导致临床试验过程中试验动物发生重大动物疫病的，试验单位和申请人应当立即停止试验，并按照国家有关动物疫情处理规定处理。

第二十一条 承担临床试验的单位和试验者应当密切注意临床试验用兽药不良反应事件的发生，并及时记录在案。

临床试验过程中发生严重不良反应事件的，试验者应当在24小时内报告所在地省级人民政府兽医行政管理部门和申请人，并报农业部。

第二十二条 临床试验期间发生下列情形之一的，原批准机关可以责令申请人修改试验方案、暂停或终止试验：

（一）未按照规定时限报告严重不良反应事件的；

（二）已有证据证明试验用兽药无效的；

（三）试验用兽药出现质量问题的；

（四）试验中出现大范围、非预期的不良反应或严重不良反应事件的；

（五）试验中弄虚作假的；

（六）违反《兽药临床试验质量管理规范》其他情形的。

第二十三条 对批准机关做出责令修改试验方案、暂停或终止试验的决定有异议的，申请人可以在5个工作日内向原批准机关提出书面意见并说明理由。原批准机关应当在10个工作日内做出最后决定，并书面通知申请人。

临床试验完成后，申请人应当向原批准机关提交批准的临床试验方案、试验结果及统计分析报告，并附原始记录复印件。

第五章 罚 则

第二十四条 违反本办法第十五条第一款规定，临床试验用兽药和对照用兽药未经检验，或者检验不合格用于试验的，试验结果不予认可。

第二十五条 违反本办法第十七条第二款规定，依照《兽药管理条例》第六十三条的规定予以处罚。

第二十六条 申请人申请新兽药临床试验时，提供虚假资料和样品的，批准机关不予受理或者对申报的新兽药临床试验不予批准，并对申请人给予警告，一年内不受理该申请人提出的该新兽药临床试验申请；已批准进行临床试验的，撤销该新兽药临床试验批准文件，终止试验，并处5万元以上10万元以下罚款，三年内不受理该申请人提出的该新兽药临床试验申请。

农业部对提供虚假资料和样品的申请人建立不良行为记录，并予以公布。

第二十七条 兽药安全性评价单位、临床试验单位未按照《兽药非临床研究质量管理规范》或《兽药临床试验质量管理规范》规定实施兽药研究试验的，依照《兽药管理条例》第五十九条的规定予以处罚。

农业部对提供虚假试验结果和对试验结果弄虚作假的试验单位和责任人，建立不良行为记录，予以公布，并撤销相应试验的资格。

第二十八条 违反本办法的其他行为，依照《兽药管理条例》和其他行政法规予以处罚。

第六章 附 则

第二十九条 境外企业不得在中国境内进行新兽药研制所需的临床试验和其他动物试验。

根据进口兽药注册审评的要求，需要进行临床试验的，由农业部指定的单位承担，并将临床试验方案和与受委托单位签订的试验合同报农业部备案。

第三十条 本办法自 2005 年 11 月 1 日起施行。

兽药注册办法

中华人民共和国农业部令

第 44 号

《兽药注册办法》已于 2004 年 11 月 15 日经农业部常务会议审议通过，现予以发布施行。

农业部部长

二○○四年十一月二十四日

第一章　总　则

第一条　为保证兽药安全、有效和质量可控，规范兽药注册行为，根据《兽药管理条例》，制定本办法。

第二条　在中华人民共和国境内从事新兽药注册和进口兽药注册，应当遵守本办法。

第三条　农业部负责全国兽药注册工作。

农业部兽药审评委员会负责新兽药和进口兽药注册资料的评审工作。

中国兽医药品监察所和农业部指定的其他兽药检验机构承担兽药注册的复核检验工作。

第二章　新兽药注册

第四条　新兽药注册申请人应当在完成临床试验后，向农业部提出申请，并按《兽药注册资料要求》提交相关资料。

第五条　联合研制的新兽药，可以由其中一个单位申请注册或联合申请注册，但不得重复申请注册；联合申请注册的，应当共同署名作为该新兽药的申请人。

第六条　申请新兽药注册所报送的资料应当完整、规范，数据必须真实、可靠。引用文献资料应当注明著作名称、刊物名称及卷、期、页等；未公开发表的文献资料应当提供资料所有者许可使用的证明文件；外文资料应当按照要求提供中文译本。

申请新兽药注册时，申请人应当提交保证书，承诺对他人的知识产权不构成侵权并对可能的侵权后果负责，保证自行取得的试验数据的真实性。

申报资料含有境外兽药试验研究资料的，应当附具境外研究机构提供的资料项目、页码情况说明和该机构经公证的合法登记证明文件。

第七条　有下列情形之一的新兽药注册申请，不予受理：

（一）农业部已公告在监测期，申请人不能证明数据为自己取得的兽药；

（二）经基因工程技术获得，未通过生物安全评价的灭活疫苗、诊断制品之外的兽药；

（三）申请材料不符合要求，在规定期间内未补正的；

（四）不予受理的其他情形。

第八条　农业部自收到申请之日起 10 个工作日内，将决定受理的新兽药注册申请资料送农业部兽药审评委员会进行技术评审，并通知申请人提交复核检验所需的连续 3 个生产批号的样品和有关资料，送指定的兽药检验机构进行复核检验。

申请的新兽药属于生物制品的，必要时，应对有关种毒进行检验。

第九条 农业部兽药审评委员会应当自收到资料之日起 120 个工作日内提出评审意见，报送农业部。

评审中需要补充资料的，申请人应当自收到通知之日起 6 个月内补齐有关数据；逾期未补正的，视为自动撤回注册申请。

第十条 兽药检验机构应当在规定时间内完成复核检验，并将检验报告书和复核意见送达申请人，同时报农业部和农业部兽药审评委员会。

初次样品检验不合格的，申请人可以再送样复核检验一次。

第十一条 农业部自收到技术评审和复核检验结论之日起 60 个工作日内完成审查；必要时，可派员进行现场核查。审查合格的，发给《新兽药注册证书》，并予以公告，同时发布该新兽药的标准、标签和说明书。不合格的，书面通知申请人。

第十二条 新兽药注册审批期间，新兽药的技术要求由于相同品种在境外获准上市而发生变化的，按原技术要求审批。

第三章 进口兽药注册

第十三条 首次向中国出口兽药，应当由出口方驻中国境内的办事机构或由其委托的中国境内代理机构向农业部提出申请，填写《兽药注册申请表》，并按《兽药注册资料要求》提交相关资料。

申请向中国出口兽用生物制品的，还应当提供菌（毒、虫）种、细胞等有关材料和资料。

第十四条 申请兽药制剂进口注册，必须提供用于生产该制剂的原料药和辅料、直接接触兽药的包装材料和容器合法来源的证明文件。原料药尚未取得农业部批准的，须同时申请原料药注册，并应当报送有关的生产工艺、质量指标和检验方法等研究资料。

第十五条 申请进口兽药注册所报送的资料应当完整、规范，数据必须真实、可靠。引用文献资料应当注明著作名称、刊物名称及卷、期、页等；外文资料应当按照要求提供中文译本。

第十六条 农业部自收到申请之日起 10 个工作日内组织初步审查，经初步审查合格的，予以受理，书面通知申请人。

予以受理的，农业部将进口兽药注册申请资料送农业部兽药审评委员会进行技术评审，并通知申请人提交复核检验所需的连续 3 个生产批号的样品和有关资料，送指定的兽药检验机构进行复核检验。

第十七条 有下列情形之一的进口兽药注册申请，不予受理：

（一）农业部已公告在监测期，申请人不能证明数据为自己取得的兽药；

（二）经基因工程技术获得，未通过生物安全评价的灭活疫苗、诊断制品之外的兽药；

（三）我国规定的一类疫病以及国内未发生疫病的活疫苗；

（四）来自疫区可能造成疫病在中国境内传播的兽用生物制品；

（五）申请资料不符合要求，在规定期间内未补正的；

（六）不予受理的其他情形。

第十八条 进口兽药注册的评审和检验程序适用本办法第九条和第十条的规定。

第十九条 申请进口注册的兽用化学药品，应当在中华人民共和国境内指定的机构进行相关临床试验和残留检测方法验证；必要时，农业部可以要求进行残留消除试验，以确定休药期。

申请进口注册的兽药属于生物制品的，农业部可以要求在中华人民共和国境内指定的机构进行安全性和有效性试验。

第二十条 农业部自收到技术评审和复核检验结论之日起60个工作日内完成审查；必要时，可派员进行现场核查。审查合格的，发给《进口兽药注册证书》，并予以公告；中国香港、澳门和台湾地区的生产企业申请注册的兽药，发给《兽药注册证书》。审查不合格的，书面通知申请人。

农业部在批准进口兽药注册的同时，发布经核准的进口兽药标准和产品标签、说明书。

第二十一条 农业部对申请进口注册的兽药进行风险分析，经风险分析存在安全风险的，不予注册。

第四章 兽药变更注册

第二十二条 已经注册的兽药拟改变原批准事项的，应当向农业部申请兽药变更注册。

第二十三条 申请人申请变更注册时，应当填写《兽药变更注册申请表》，报送有关资料和说明。涉及兽药产品权属变化的，应当提供有效证明文件。

进口兽药的变更注册，申请人还应当提交生产企业所在国家（地区）兽药管理机构批准变更的文件。

第二十四条 农业部对决定受理的不需进行技术审评的兽药变更注册申请，自收到申请之日起30个工作日内完成审查。审查合格的，批准变更注册。

需要进行技术审评的兽药变更注册申请，农业部将受理的材料送农业部兽药审评委员会评审，并通知申请人提交复核检验所需的连续 3 个生产批号的样品和有关资料，送指定的兽药检验机构进行复核检验。

第二十五条　兽药变更注册申请的评审、检验的程序、时限和要求适用本办法新兽药注册和进口兽药注册的规定。

申请修改兽药标准变更注册的，兽药检验机构应当进行标准复核。

第二十六条　农业部自收到技术评审和复核检验结论之日起30 个工作日内完成审查，审查合格的，批准变更注册。审查不合格的，书面告知申请人。

第五章　进口兽药再注册

第二十七条　《进口兽药注册证书》和《兽药注册证书》的有效期为 5 年。有效期届满需要继续进口的，申请人应当在有效期届满 6 个月前向农业部提出再注册申请。

第二十八条　申请进口兽药再注册时，应当填写《兽药再注册申请表》，并按《兽药注册资料要求》提交相关资料。

第二十九条　农业部在受理进口兽药再注册申请后，应当在20 个工作日内完成审查。符合规定的，予以再注册。不符合规定的，书面通知申请人。

第三十条　有下列情形之一的，不予再注册：

（一）未在有效期届满 6 个月前提出再注册申请的；

（二）未按规定提交兽药不良反应监测报告的；

（三）经农业部安全再评价被列为禁止使用品种的；

（四）经考查生产条件不符合规定的；

（五）经风险分析存在安全风险的；

（六）我国规定的一类疫病以及国内未发生疫病的活疫苗；

（七）来自疫区可能造成疫病在中国境内传播的兽用生物制品；

（八）其他依法不予再注册的。

第三十一条 不予再注册的，由农业部注销其《进口兽药注册证书》或《兽药注册证书》，并予以公告。

第六章 兽药复核检验

第三十二条 申请兽药注册应当进行兽药复核检验，包括样品检验和兽药质量标准复核。

第三十三条 从事兽药复核检验的兽药检验机构，应当符合兽药检验质量管理规范。

第三十四条 申请人应当向兽药检验机构提供兽药复核检验所需要的有关资料和样品，提供检验用标准物质和必需材料。

申请兽药注册所需的 3 批样品，应当在取得《兽药 GMP 证书》的车间生产。每批的样品应为拟上市销售的 3 个最小包装，并为检验用量的 3~5 倍。

第三十五条 兽药检验机构进行兽药质量标准复核时，除进行样品检验外，还应当根据该兽药的研究数据、国内外同类产品的兽药质量标准和国家有关要求，对该兽药的兽药质量标准、检验项目和方法等提出复核意见。

第三十六条 兽药检验机构在接到检验通知和样品后，应当在 90 个工作日内完成样品检验，出具检验报告书；需用特殊方法检验的兽药应当在 120 个工作日内完成。

需要进行样品检验和兽药质量标准复核的，兽药检验机构应当在 120 个工作日内完成；需用特殊方法检验的兽药应当在 150 个工作日内完成。

第七章　兽药标准物质的管理

第三十七条　中国兽医药品监察所负责标定和供应国家兽药标准物质。

中国兽医药品监察所可以组织相关的省、自治区、直辖市兽药监察所、兽药研究机构或兽药生产企业协作标定国家兽药标准物质。

第三十八条　申请人在申请新兽药注册和进口兽药注册时，应当向中国兽医药品监察所提供制备该兽药标准物质的原料，并报送有关标准物质的研究资料。

第三十九条　中国兽医药品监察所对兽药标准物质的原料选择、制备方法、标定方法、标定结果、定值准确性、量值溯源、稳定性及分装与包装条件等资料进行全面技术审核；必要时，进行标定或组织进行标定，并做出可否作为国家兽药质量标准物质的推荐结论，报国家兽药典委员会审查。

第四十条　农业部根据国家兽药典委员会的审查意见批准国家兽药质量标准物质，并发布兽药标准物质清单及质量标准。

第八章　罚　则

第四十一条　申请人提供虚假的资料、样品或者采取其他欺骗手段申请注册的，农业部对该申请不予批准，对申请人给予警告，申请人在一年内不得再次申请该兽药的注册。

申请人提供虚假的资料、样品或者采取其他欺骗手段取得兽药注册证明文件的，按《兽药管理条例》第五十七条的规定给予处罚，申请人在三年内不得再次申请该兽药的注册。

第四十二条 其它违反本办法规定的行为，依照《兽药管理条例》的有关规定进行处罚。

第九章 附　则

第四十三条 属于兽用麻醉药品、兽用精神药品、兽医医疗用毒性药品、放射性药品的新兽药和进口兽药注册申请，除按照本办法办理外，还应当符合国家其他有关规定。

第四十四条 根据动物防疫需要，农业部对国家兽医参考实验室推荐的强制免疫用疫苗生产所用菌（毒）种的变更实行备案制，不需进行变更注册。

第四十五条 本办法自 2005 年 1 月 1 日起施行。

兽用生物制品经营管理办法

中华人民共和国农业部令

第 3 号

《兽用生物制品经营管理办法》已于 2007 年 2 月 14 日经农业部第 3 次常务会议审议通过，现予发布，自 2007 年 5 月 1 日起施行。

农业部部长

二〇〇七年三月二十九日

第一条 为了加强兽用生物制品经营管理，保证兽用生物制品质量，根据《兽药管理条例》，制定本办法。

第二条 在中华人民共和国境内从事兽用生物制品的分发、经营和监督管理，应当遵守本办法。

第三条 兽用生物制品分为国家强制免疫计划所需兽用生物制品（以下简称国家强制免疫用生物制品）和非国家强制免疫计划所需兽用生物制品（以下简称非国家强制免疫用生物制品）。

国家强制免疫用生物制品名单由农业部确定并公告。

第四条 农业部负责全国兽用生物制品的监督管理工作。

县级以上地方人民政府兽医行政管理部门负责本行政区域内兽用生物制品的监督管理工作。

第五条 国家强制免疫用生物制品由农业部指定的企业生产，

依法实行政府采购，省级人民政府兽医行政管理部门组织分发。

发生重大动物疫情、灾情或者其他突发事件时，国家强制免疫用生物制品由农业部统一调用，生产企业不得自行销售。

农业部对定点生产企业实行动态管理。

第六条　省级人民政府兽医行政管理部门应当建立国家强制免疫用生物制品储存、运输等管理制度。

分发国家强制免疫用生物制品，应当建立真实、完整的分发记录。分发记录应当保存至制品有效期满后2年。

第七条　具备下列条件的养殖场可以向农业部指定的生产企业采购自用的国家强制免疫用生物制品，但应当将采购的品种、生产企业、数量向所在地县级以上地方人民政府兽医行政管理部门备案：

（一）具有相应的兽医技术人员；

（二）具有相应的运输、储藏条件；

（三）具有完善的购入验收、储藏保管、使用核对等管理制度。

养殖场应当建立真实、完整的采购、使用记录，并保存至制品有效期满后2年。

第八条　农业部指定的生产企业只能将国家强制免疫用生物制品销售给省级人民政府兽医行政管理部门和符合第七条规定的养殖场，不得向其他单位和个人销售。

兽用生物制品生产企业可以将本企业生产的非国家强制免疫用生物制品直接销售给使用者，也可以委托经销商销售。

第九条　兽用生物制品生产企业应当建立真实、完整的销售记录，应当向购买者提供批签发证明文件复印件。销售记录应当载明产品名称、产品批号、产品规格、产品数量、生产日期、有效期、收货单位和地址、发货日期等内容。

第十条 非国家强制免疫用生物制品经销商应当依法取得《兽药经营许可证》和工商营业执照。

前款规定的《兽药经营许可证》的经营范围应当载明委托的兽用生物制品生产企业名称及委托销售的产品类别等内容。经营范围发生变化的，经销商应当办理变更手续。

第十一条 兽用生物制品生产企业可以自主确定、调整经销商，并与经销商签订销售代理合同，明确代理范围等事项。

第十二条 经销商只能经营所代理兽用生物制品生产企业生产的兽用生物制品，不得经营未经委托的其他企业生产的兽用生物制品。

经销商只能将所代理的产品销售给使用者，不得销售给其他兽药经营企业。

未经兽用生物制品生产企业委托，兽药经营企业不得经营兽用生物制品。

第十三条 养殖户、养殖场、动物诊疗机构等使用者采购的或者经政府分发获得的兽用生物制品只限自用，不得转手销售。

第十四条 县级以上地方人民政府兽医行政管理部门应当依法加强对兽用生物制品生产、经营企业和使用者监督检查，发现有违反《兽药管理条例》和本办法规定情形的，应当依法做出处理决定或者报告上级兽医行政管理部门。

第十五条 各级兽医行政管理部门、兽药检验机构、动物卫生监督机构及其工作人员，不得参与兽用生物制品的生产、经营活动，不得以其名义推荐或者监制、监销兽用生物制品和进行广告宣传。

第十六条 养殖户、养殖场、动物诊疗机构等使用者转手销售兽用生物制品的，或者兽药经营者超出《兽药经营许可证》载明的经营范围经营兽用生物制品的，属于无证经营，按照《兽药管理条例》第五十六条的规定处罚。

第十七条 农业部指定的生产企业违反《兽药管理条例》和本办法规定的，取消其国家强制免疫用生物制品的生产资格，并按照《兽药管理条例》的规定处罚。

第十八条 本办法所称兽用生物制品是指以天然或者人工改造的微生物、寄生虫、生物毒素或者生物组织及代谢产物等为材料，采用生物学、分子生物学或者生物化学、生物工程等相应技术制成的，用于预防、治疗、诊断动物疫病或者改变动物生产性能的兽药。

本办法所称非国家强制免疫用生物制品是指农业部确定的强制免疫用生物制品以外的兽用生物制品。

第十九条 进口兽用生物制品的经营管理适用《兽药进口管理办法》。

第二十条 本办法自 2007 年 5 月 1 日起施行。

兽药进口管理办法

（2007 年 7 月 31 日中华人民共和国农业部、海关总署令第 2 号发布）

第一章 总 则

第一条 为了加强进口兽药的监督管理，规范兽药进口行为，保证进口兽药质量，根据《中华人民共和国海关法》和《兽药管理条例》，制定本办法。

第二条 在中华人民共和国境内从事兽药进口、进口兽药的经营和监督管理，应当遵守本办法。

进口兽药实行目录管理。《进口兽药管理目录》由农业部会同海关总署制定、调整并公布。

第三条 农业部负责全国进口兽药的监督管理工作。

县级以上地方人民政府兽医行政管理部门负责本行政区域内进口兽药的监督管理工作。

第四条 兽药应当从具备检验能力的兽药检验机构所在地口岸进口（以下简称兽药进口口岸）。兽药检验机构名单由农业部确定并公布。

第二章 兽药进口申请

第五条 兽药进口应当办理《进口兽药通关单》。《进口兽药通关单》由中国境内代理商向兽药进口口岸所在地省级人民政府兽医行政管理部门申请。申请时，应当提交下列材料：

（一）兽药进口申请表；

（二）代理合同（授权书）和购货合同复印件；

（三）《兽药经营许可证》、工商营业执照复印件；兽药生产企业申请进口本企业生产所需原料药的，提交《兽药生产许可证》、工商营业执照及其所生产产品的批准文号证明文件复印件；

（四）《进口兽药注册证书》复印件；生产企业为港、澳、台企业的，提交《兽药注册证书》复印件；

（五）产品出厂检验报告；

（六）装箱单、提运单和货运发票复印件；

（七）产品中文标签、说明书式样。

申请兽用生物制品《进口兽药通关单》的，还应当向兽药进口口岸所在地省级人民政府兽医行政管理部门提交下列材料：

（一）农业部依据本办法第七条核发的兽用生物制品进口许可证复印件；

（二）生产企业所在国家（地区）兽药管理部门出具的批签发证明。

第六条 兽药进口口岸所在地省级人民政府兽医行政管理部门应当自收到申请之日起 2 个工作日内完成审查。审查合格的，发给《进口兽药通关单》；不合格的，书面通知申请人，并说明理由。

《进口兽药通关单》主要载明代理商名称、有效期限、兽药进口口岸、海关商品编码、商品名称、生产企业名称、进口数量、包装规格等内容。

兽药进口口岸所在地省级人民政府兽医行政管理部门应当在每月上旬将上月核发的《进口兽药通关单》报农业部备案。

第七条　代理商申请兽用生物制品进口许可证，应当向农业部提交下列材料：

（一）兽用生物制品进口申请表；

（二）代理合同（授权书）复印件；

（三）《兽药经营许可证》、工商营业执照复印件；

（四）《进口兽药注册证书》或者《兽药注册证书》复印件。

农业部自收到申请之日起20个工作日内完成审查。审查合格的，发给兽用生物制品进口许可证；不合格的，书面通知申请人，并说明理由。

兽用生物制品进口许可证主要载明代理商名称、兽药进口口岸、海关商品编码、商品名称、生产企业名称、进口数量、包装规格等事项，有效期为一年。

第八条　进口少量科研用兽药，应当向农业部申请，并提交兽药进口申请表和科研项目的立项报告、试验方案等材料。

进口注册用兽药样品、对照品、标准品、菌（毒、虫）种、细胞的，应当向农业部申请，并提交兽药进口申请表。

农业部受理申请后组织风险评估，并自收到评估结论之日起5个工作日内完成审查。审查合格的，发给《进口兽药通关单》；不合格的，书面通知申请人，并说明理由。

第九条　国内急需的兽药，由农业部指定单位进口，并发给《进口兽药通关单》。

第十条　《进口兽药通关单》实行一单一关，在30日有效期内只能一次性使用，内容不得更改，过期应当重新办理。

第三章　进口兽药经营

第十一条　境外企业不得在中国境内直接销售兽药。

进口的兽用生物制品，由中国境内的兽药经营企业作为代理商销售，但外商独资、中外合资和合作经营企业不得销售进口的兽用生物制品。

兽用生物制品以外的其他进口兽药，由境外企业依法在中国境内设立的销售机构或者符合条件的中国境内兽药经营企业作为代理商销售。

第十二条 境外企业在中国境内设立的销售机构、委托的代理商及代理商确定的经销商，应当取得《兽药经营许可证》，并遵守农业部制定的兽药经营质量管理规范。

销售进口兽用生物制品的《兽药经营许可证》，应当载明委托的境外企业名称及委托销售的产品类别等内容。

第十三条 进口兽药销售代理商由境外企业确定、调整，并报农业部备案。

境外企业应当与代理商签订进口兽药销售代理合同，明确代理范围等事项。

第十四条 境外企业在中国境内确定两家以上代理商销售进口兽用生物制品的，代理商只能将进口兽用生物制品直接销售给养殖户、养殖场、动物诊疗机构等使用者，不得再确定经销商进行销售。

境外企业在中国境内确定一家代理商销售进口兽用生物制品的，代理商可以将代理产品直接销售给使用者，也可以确定经销商销售代理的产品。但经销商只能将进口兽用生物制品直接销售给使用者，不得销售给其他兽药经营者。

代理商应当将经销商名单报农业部备案。

第十五条 进口兽用生物制品，除境外企业确定的代理商及代理商确定的经销商外，其他兽药经营企业不得经营。

第十六条 进口的兽药标签和说明书应当用中文标注。

第十七条 养殖户、养殖场、动物诊疗机构等使用者采购的进口兽药只限自用，不得转手销售。

第四章 监督管理

第十八条 进口列入《进口兽药管理目录》的兽药，进口单位进口时，需持《进口兽药通关单》向海关申报，海关按货物进口管理的相关规定办理通关手续。

进口单位办理报关手续时，因企业申报不实或者伪报用途所产生的后果，由进口单位承担相应的法律责任。

第十九条 经批准以加工贸易方式进口兽药的，海关按照有关规定实施监管。进口料件或加工制成品属于兽药且无法出口的，应当按照本办法规定办理《进口兽药通关单》，海关凭《进口兽药通关单》办理内销手续。未取得《进口兽药通关单》的，由加工贸易企业所在地省级人民政府兽医行政管理部门监督销毁，海关凭有关证明材料办理核销手续。销毁所需费用由加工贸易企业承担。

第二十条 以暂时进口方式进口的不在中国境内销售的兽药，不需要办理《进口兽药通关单》。暂时进口期满后应当全部复运出境，因特殊原因确需进口的，依照本办法和相关规定办理进口手续后方可在境内销售。无法复运出境又无法办理进口手续的，经进口单位所在地省级人民政府兽医行政管理部门批准，并商进境地直属海关同意，由所在地省级人民政府兽医行政管理部门监督销毁，海关凭有关证明材料办理核销手续。销毁所需费用由进口单位承担。

第二十一条 从境外进入保税区、出口加工区及其他海关特殊监管区域和保税监管场所的兽药及海关特殊监管区域、保税监管场所之间进出的兽药，免予办理《进口兽药通关单》，由海关按照有关规定实施监管。

从保税区、出口加工区及其他海关特殊监管区域和保税监管场所进入境内区外的兽药，应当办理《进口兽药通关单》。

第二十二条 兽用生物制品进口后，代理商应当向农业部指定的检验机构申请办理审查核对和抽查检验手续。未经审查核对或者抽查检验不合格的，不得销售。

其他兽药进口后，由兽药进口口岸所在地省级人民政府兽医行政管理部门通知兽药检验机构进行抽查检验。

第二十三条 县级以上地方人民政府兽医行政管理部门应当将进口兽药纳入兽药监督抽检计划，加强对进口兽药的监督检查，发现违反《兽药管理条例》和本办法规定情形的，应当依法作出处理决定。

第二十四条 禁止进口下列兽药：

（一）经风险评估可能对养殖业、人体健康造成危害或者存在潜在风险的；

（二）疗效不确定、不良反应大的；

（三）来自疫区可能造成疫病在中国境内传播的兽用生物制品；

（四）生产条件不符合规定的；

（五）标签和说明书不符合规定的；

（六）被撤销、吊销《进口兽药注册证书》的；

（七）《进口兽药注册证书》有效期届满的；

（八）未取得《进口兽药通关单》的；

（九）农业部禁止生产、经营和使用的。

第二十五条 提供虚假资料或者采取其他欺骗手段取得进口兽药证明文件的，按照《兽药管理条例》第五十七条的规定处罚。

伪造、涂改进口兽药证明文件进口兽药的，按照《兽药管理条例》第四十七条、第五十六条的规定处理。

第二十六条 买卖、出租、出借《进口兽药通关单》的，按照《兽药管理条例》第五十八条的规定处罚。

第二十七条 养殖户、养殖场、动物诊疗机构等使用者将采购的进口兽药转手销售的，或者代理商、经销商超出《兽药经营许可证》范围经营进口兽用生物制品的，属于无证经营，按照《兽药管理条例》第五十六条的规定处罚。

第二十八条 兽药进口构成走私或者违反海关监管规定的，由海关根据《中华人民共和国海关法》及其相关法律、法规的规定处理。

第五章 附 则

第二十九条 兽用麻醉药品、精神药品、毒性药品和放射性药品等特殊药品的进口管理，除遵守本办法的规定外，还应当遵守国家关于麻醉药品、精神药品、毒性药品和放射性药品的管理规定。

第三十条 本办法所称进口兽药证明文件，是指《进口兽药注册证书》、《进口兽药通关单》、兽用生物制品进口许可证等。

第三十一条　兽药进口申请表、兽用生物制品进口申请表可以从中国兽药信息网（网址：http：//www.ivdc.gov.cn）下载。

第三十二条　本办法自 2008 年 1 月 1 日起施行。海关总署发布的《海关总署关于验放进口兽药的通知》（〔88〕署货字第 725号）、《海关总署关于明确进口人畜共用兽药有关验放问题的通知》（署法发〔2001〕276 号）、中华人民共和国海关总署公告2001 年第 7 号同时废止。

蜂用兽药治理行动方案

农办医〔2009〕19号

为加强蜂用兽药监管，保证蜂产品质量安全，促进养蜂业健康发展，特制定本方案。

一、工作目标

加大蜂用兽药违法行为查办力度，规范蜂用兽药生产经营秩序；强化蜂用兽药生产和使用环节监管，打击制售假劣蜂用兽药违法行为，提高安全用药水平。

二、整治重点

重点区域：蜂蜜主产区；蜂产品生产、收集、加工主要地区；蜂药生产主要地区。

重点时段：蜜蜂繁殖季节（春繁和转场季节）；南方油菜、槐花、西北和北方油菜等花季。

重点环节：蜂用兽药生产企业、蜂用兽药经销点；蜂箱、蜂具经销点；养蜂场（户）。

重点品种：禁用兽药、未经批准蜂用药物、假劣及改变处方、套用文号蜂用药物。

三、整治内容

（一）蜂用兽药生产。各地要加强本辖区企业兽药 GMP 后续监管，一是重点核查 GMP 实施状况，存在问题的要监督整改；二是重点核实是否存在伪造或套用文号、改变处方添加其他药物成分问题，发现违法违规行为，应依法严肃处理。

（二）蜂用兽药经营。各地要切实加强蜂用兽药经营秩序治理，一是取缔非法经营；二是清缴违禁药物、未经批准蜂用兽药；三是收缴假劣、过期失效蜂用兽药；四是对企业违法行为依法查处；五是发现非法企业产品要收集证据，立案排查，捣毁造假窝点。

（三）蜂用兽药使用。各地要加强养蜂场（户）蜂用兽药使用监督指导。一是指导建立用药记录制度，制度应内容包括：兽药通用名称、规格、生产厂家名称、产品批号、用法、用量、疗程、休药期、用药时间；蜂箱、蜂具清洁、消毒记录等。二是指导建立档案制度，生产日志和用药记录应由专人负责制度，保持记录完整，建档保存。三是指导建立科学用药制度，用药养蜂场（户）应在专业人员指导下科学、合理用药。采取多种形式指导养蜂场（户）安全用药，重点是禁止使用违禁药物、未经批准蜂用兽药；流蜜和产浆期间不得用药，对过期失效蜂用兽药应及时清理销毁。

四、组织实施

本《行动方案》与《2009 年兽药市场整治方案》结合实施。

（一）我部兽医局负责《行动方案》的组织、协调、指导和监督工作。各省、区、市兽医行政管理部门负责本辖区《行动方案》的组织实施工作。

（二）中国兽医药品监察所和省级兽药监察所承担蜂用兽药检测及协助兽药监管、案件查处工作。

五、总体要求

（一）各地要结合当地实际制订具体工作方案，确定《行动方案》机构、人员，分工明确，责任到人。其他要求内容见

《2009年兽药市场整治方案》。

（二）各地要对照《蜂用兽药目录》开展工作，凡未列入《蜂用兽药目录》的产品、生产企业均为非法。

六、工作安排

（一）4月，结合本地实际情况细化工作方案，确定各阶段具体工作重点和工作内容。

（二）4月至12月，按照《整治方案》总体部署和细化方案开展整治活动。

（三）6月20日和12月10日前，各地分别将阶段性、年终总结材料上报我部兽医局。

（四）我部兽医局根据情况组织重点区域GMP飞行检查和执法活动。

兽药标签和说明书管理办法

中华人民共和国农业部令

第 22 号

《兽药标签和说明书管理办法》于 2002 年 9 月 27 日
业经农业部常务会议审议通过，现予发布，自 2003 年 3
月 1 日起施行。

农业部部长

二〇〇二年十月三十一日

第一章　总　则

第一条　为加强兽药监督管理，规范兽药标签和说明书的内
容、印制、使用活动，保障兽药使用的安全有效，根据《兽药管
理条例》，制定本办法。

第二条　农业部主管全国的兽药标签和说明书的管理工作，
县级以上地方人民政府畜牧兽医行政管理部门主管所辖地区的兽
药标签和说明书的管理工作。

第三条　凡在中国境内生产、经营、使用的兽药的标签和说
明书必须符合本办法的规定。

第二章　兽药标签的基本要求

第四条　兽药产品（原料药除外）必须同时使用内包装标签

和外包装标签。

第五条　内包装标签必须注明兽用标识、兽药名称、适应症（或功能与主治）、含量/包装规格、批准文号或《进口兽药登记许可证》证号、生产日期、生产批号、有效期、生产企业信息等内容。

安瓿、西林瓶等注射或内服产品由于包装尺寸的限制而无法注明上述全部内容的，可适当减少项目，但至少须标明兽药名称、含量规格、生产批号。

第六条　外包装标签必须注明兽用标识、兽药名称、主要成分、适应症（或功能与主治）、用法与用量、含量/包装规格、批准文号或《进口兽药登记许可证》证号、生产日期、生产批号、有效期、停药期、贮藏、包装数量、生产企业信息等内容。

第七条　兽用原料药的标签必须注明兽药名称、包装规格、生产批号、生产日期、有效期、贮藏、批准文号、运输注意事项或其他标记、生产企业信息等内容。

第八条　对贮藏有特殊要求的必须在标签的醒目位置标明。

第九条　兽药有效期按年月顺序标注。年份用四位数表示，月份用两位数表示，如"有效期至 2002 年 09 月"，或"有效期至 2002.09"。

第三章　兽药说明书的基本要求

第十条　兽用化学药品、抗生素产品的单方、复方及中西复方制剂的说明书必须注明以下内容：兽用标识、兽药名称、主要成分、性状、药理作用、适应症（或功能与主治）、用法与用量、不良反应、注意事项、停药期、外用杀虫药及其他对人体或环境有毒有害的废弃包装的处理措施、有效期、含量/包装规格、贮藏、批准文号、生产企业信息等。

第十一条 中兽药说明书必须注明以下内容：兽用标识、兽药名称、主要成分、性状、功能与主治、用法与用量、不良反应、注意事项、有效期、规格、贮藏、批准文号、生产企业信息等。

第十二条 兽用生物制品说明书必须注明以下内容：兽用标识、兽药名称、主要成分及含量（型、株及活疫苗的最低活菌数或病毒滴度）、性状、接种对象、用法与用量（冻干疫苗须标明稀释方法）、注意事项（包括不良反应与急救措施）、有效期、规格（容量和头份）、包装、贮藏、废弃包装处理措施、批准文号、生产企业信息等。

第四章 兽药标签和说明书的管理

第十三条 兽药标签和说明书必须按照兽药批准权限，经农业部或省级畜牧兽医行政管理部门审核批准后方可使用。内容变更时须按原申报程序履行审批手续。

第十四条 兽药标签和说明书必须按照本规定的统一要求印制，其文字及图案不得擅自加入任何未经批准的内容。

第十五条 兽药标签和说明书的内容必须真实、准确，不得虚假和夸大，也不得印有任何带有宣传、广告色彩的文字和标识。

第十六条 兽药标签和说明书的内容不得超出或删减规定的项目内容；不得印有未获批准的专利、兽药 GMP、商标等标识。

第十七条 兽药标签和说明书所用文字必须是中文，并使用国家语言文字工作委员会公布的现行规范化汉字。根据需要可有外文对照。

第十八条　根据需要，兽药标签上可使用条形码；已获批准的专利产品，可标注专利标记和专利号，并标明专利许可种类；注册商标应印制在标签和说明书的左上角或右上角；已获兽药GMP合格证的，必须按照兽药GMP标识使用有关规定正确地使用兽药GMP标识。

第十九条　兽药标签和说明书的字迹必须清晰易辨，兽用标识及外用药标识应清楚醒目，不得有印字脱落或粘贴不牢等现象，并不得用粘贴、剪切的方式进行修改或补充。

第二十条　兽药标签和说明书内容对产品作用与用途项目的表述不得违反法定兽药标准的规定，并不得有扩大疗效和应用范围的内容；其用法与用量、停药期、有效期等项目内容必须与法定兽药标准一致，并使用符合兽药国家标准要求的规范性用语。

第二十一条　兽药标签和说明书上必须标识兽药通用名称，可同时标识商品名称。商品名称不得与通用名称连写，两者之间应有一定空隙并分行。通用名称与商品名称用字的比例不得小于1：2（指面积），并不得小于注册商标用字。

第二十二条　兽药最小销售单元的包装必须印有或贴有符合外包装标签规定内容的标签并附有说明书。兽药外包装箱上必须印有或粘贴有外包装标签。

第二十三条　凡违反本办法规定的，按照《兽药管理条例》的有关规定进行处罚。

第五章　附　则

第二十四条　本办法下列用语的含义是：

兽药通用名：国家标准、农业部行业标准、地方标准及进口兽药注册的正式品名。

兽药商品名：系指某一兽药产品的专有商品名称。

内包装标签：系指直接接触兽药的包装上的标签。

外包装标签：系指直接接触内包装的外包装上的标签。

兽药最小销售单元：系指直接供上市销售的兽药最小包装。

兽药说明书：系指包含兽药有效成分、疗效、使用以及注意事项等基本信息的技术资料。

生产企业信息：包括企业名称、邮编、地址、电话、传真、电子邮址、网址等。

第二十五条 本办法由农业部负责解释。

第二十六条 本办法自 2003 年 3 月 1 日起施行。

兽药广告审查办法（修正）

（1995 年 4 月 7 日国家工商行政管理局、农业部令第 29 号发布；根据 1998 年 12 月 22 日国家工商行政管理局、农业部令第 88 号修正）

第一条 根据《中华人民共和国广告法》、《兽药管理条例》的有关规定，制定本办法。

第二条 凡利用各种媒介或者形式发布用于预防、治疗、诊断畜禽等动物疾病，有目的地调节其生理机能并规定作用、用途、用法、用量的物质（含饲料药物添加剂）的广告，包括企业产品介绍材料等，均应当按照本办法进行审查。

第三条 兽药广告审查的依据：

（一）《中华人民共和国广告法》；

（二）《兽药管理条例》、国家有关兽药管理的规定及兽药技术标准；

（三）国家有关广告管理的法规及广告监督管理机关制定的广告审查标准；

第四条 国务院农牧行政管理机关和省、自治区、直辖市农牧行政管理机关（以下简称省级农牧行政管理机关），在同级广告监督管理机关的监督指导下，对兽药广告进行审查。

第五条 利用重点媒介（见目录）发布的兽药广告，以及保护期内新兽药、境外生产的兽药的广告，需经国务院农牧行政管理机关审查，并取得广告审查批准文号后，方可发布。

其他兽药广告需经生产所在地的省级农牧行政管理机关审查，并取得广告审查批准文号后，方可发布。需在异地发布的兽药广告，须持所在地农牧行政管理机关审查的批准文件，经广告发布地的省级农牧行政管理机关换发广告发布地的兽药广告批准文号后，方可发布。

第六条 兽药广告审查的申请

（一）申请审查境内生产的兽药的广告，应当填写《兽药广告审查表》，并提交下列证明文件：

1. 生产者的营业执照副本以及其他生产、经营资格的证明文件；

2. 农牧行政管理机关核发的兽药产品批准文号文件；

3. 省级兽药监察所近期（三个月内）出具的产品检验报告单。

4. 经农牧行政管理机关批准、发布的兽药质量标准，产品说明书。

5. 法律、法规规定的及其他确认广告内容真实性的证明文件。

（二）申请审查境外生产的兽药的广告，应当填写《兽药广告审查表》，并提交以下证明文件及相应的中文译本：

1. 申请人及生产者的营业执照副本或者其他生产、经营资格的证明文件；

2. 《进口兽药登记许可证》；

3. 该兽药的产品说明书；

4. 境外兽药生产企业办理的兽药广告委托书；

5. 中国法律、法规规定的及其他确认广告内容真实性的证明文件。

提交本条规定的证明文件的复印件，应当由原出证机关签章或者出具所在国（地区）公证机构的公证文件。

第七条 申请兽药广告审查，可以委托中国的兽药经销者或者广告经营者代为办理。

第八条 兽药广告的审查

（一）初审

兽药广告审查机关对申请人提供的证明文件的真实性、有效性、合法性、完整性和广告制作前文稿的真实性、合法性进行审查，并于受理申请之日起十日内做出初审决定，发给《兽药广告初审决定通知书》。

（二）广告申请人凭初审合格决定，将制作的广告作品送交原广告审查机关，广告审查机关在受理之日起十日内做出终审决定。对终审合格者，签发《兽药广告审查表》及广告审查批准号；对终审不合格者，应当通知广告申请人，并说明理由。

（三）广告申请人可以直接申请终审，广告审查机关应当在受理审查之日起十五日内做出终审决定。

第九条 兽药广告审查机关发出的《兽药广告初审决定通知书》和带有广告审查批准号的《兽药广告审查表》，应当由广告审查机关负责人签字，并加盖兽药广告审批专用章。

兽药广告审查机关应当将带有广告审查批准号的《兽药广告审查表》寄送同级广告监督管理机关备查。

第十条 兽药广告审查批准号的有效期为一年。

《兽药生产许可证》、《兽药经营许可证》的有效期限不足一年的，兽药广告审查批准号的有效期以上述许可证有效期限为准。

第十一条 经审查批准的兽药广告，有下列情况之一的，广告审查机关可以调回复审：

（一）该兽药在使用中发生畜禽死亡，以及造成一定经济损失的；

（二）兽药广告审查依据发生变化的；

（三）兽药产品标准发生变化的；

（四）国务院农牧行政管理机关认为省级农牧行政管理机关的批准决定不妥的；

（五）广告监督管理机关或者发布地省级农牧行政管理机关提出复审建议的；

（六）广告审查机关认为应当调回复审的其他情况；

复审期间，广告停止发布。

第十二条　广告发布地的广告审查机关对生产者所在地的审查机关做出的终审决定持有异议的，应当提请上级广告审查机关进行裁定，并以裁定结论为准。

第十三条　经审查批准的兽药广告，有下列情况之一的，应重新申请审查：

（一）广告审查批准号有效期满的；

（二）广告内容需要改动的；

第十四条　经审查批准的兽药广告，有下列情况之一的，原广告审查机关应当收回《兽药广告审查表》，其广告审查批准号作废：

（一）兽药生产、经营者被吊销《兽药生产许可证》或《兽药经营许可证》的；

（二）兽药产品在使用中发生严重问题而被撤销生产批准文号的；

（三）被国家列为淘汰或者禁止生产、使用的兽药产品的；

（四）兽药广告审查批准号有效期内，经国务院农牧行政管理机关统计兽药抽检不合格次数累计达三批次以上的；

（五）广告复审不合格的；

（六）应当重新申请审查而未申请或者重新审查不合格的；

第十五条 广告审查批准号作废后，兽药广告审查机关应当将有关材料送同级广告监督管理机关备查。

第十六条 兽药广告经审查批准后，应当将广告审查批准号列为广告内容，同时发布。未注明广告审查批准号或者批准号已过期、被撤销的兽药广告，广告发布者不得发布。

第十七条 广告发布者发布兽药广告，应当查验《兽药广告审查表》原件或者经原审查机关签章的复印件，并保存一年。

第十八条 对违反本办法规定发布兽药广告的，按照《中华人民共和国广告法》第四十三条和《兽药管理条例》的规定予以处罚。

第十九条 广告审查机关对违反广告审查依据的广告做出审查批准决定，致使违法广告得以发布的，由国家广告监督管理机关向国务院农牧行政管理机关通报情况，按照《中华人民共和国广告法》第四十五条的规定予以处理。

第二十条 本办法自发布之日起施行。

兽药广告审查发布标准

（2015 年 12 月 24 日国家工商行政管理总局令第 82 号公布）

第一条 为了保证兽药广告的真实、合法、科学，制定本标准。

第二条 发布兽药广告，应当遵守《中华人民共和国广告法》（以下简称《广告法》）及国家有关兽药管理的规定。

第三条 下列兽药不得发布广告：

（一）兽用麻醉药品、精神药品以及兽医医疗单位配制的兽药制剂；

（二）所含成分的种类、含量、名称与兽药国家标准不符的兽药；

（三）临床应用发现超出规定毒副作用的兽药；

（四）国务院农牧行政管理部门明令禁止使用的，未取得兽药产品批准文号或者未取得《进口兽药注册证书》的兽药。

第四条 兽药广告不得含有下列内容：

（一）表示功效、安全性的断言或者保证；

（二）利用科研单位、学术机构、技术推广机构、行业协会或者专业人士、用户的名义或者形象作推荐、证明；

（三）说明有效率；

（四）违反安全使用规程的文字、语言或者画面；

（五）法律、行政法规规定禁止的其他内容。

第五条　兽药广告不得贬低同类产品，不得与其他兽药进行功效和安全性对比。

第六条　兽药广告中不得含有"最高技术"、"最高科学"、"最进步制法"、"包治百病"等绝对化的表示。

第七条　兽药广告中不得含有评比、排序、推荐、指定、选用、获奖等综合性评价内容。

第八条　兽药广告不得含有直接显示疾病症状和病理的画面，也不得含有"无效退款"、"保险公司保险"等承诺。

第九条　兽药广告中兽药的使用范围不得超出国家兽药标准的规定。

第十条　兽药广告的批准文号应当列为广告内容同时发布。

第十一条　违反本标准的兽药广告，广告经营者不得设计、制作，广告发布者不得发布。

第十二条　违反本标准发布广告，《广告法》及其他法律法规有规定的，依照有关法律法规规定予以处罚。法律法规没有规定的，对负有责任的广告主、广告经营者、广告发布者，处以违法所得三倍以下但不超过三万元的罚款；没有违法所得的，处以一万元以下的罚款。

第十三条　本标准自 2016 年 2 月 1 日起施行。1995 年 3 月 28 日国家工商行政管理局第 26 号令公布的《兽药广告审查标准》同时废止。

兽药产品批准文号管理办法

中华人民共和国农业部令

2015 年第 4 号

《兽药产品批准文号管理办法》已于 2015 年 11 月 17 日经农业部 2015 年第 11 次常务会议审议通过，现予发布，自 2016 年 5 月 1 日起施行。

农业部部长

2015 年 12 月 3 日

第一章 总 则

第一条 为加强兽药产品批准文号的管理，根据《兽药管理条例》，制定本办法。

第二条 兽药产品批准文号的申请、核发和监督管理适用本办法。

第三条 兽药生产企业生产兽药，应当取得农业部核发的兽药产品批准文号。

兽药产品批准文号是农业部根据兽药国家标准、生产工艺和生产条件批准特定兽药生产企业生产特定兽药产品时核发的兽药批准证明文件。

第四条 农业部负责全国兽药产品批准文号的核发和监督管理工作。

县级以上地方人民政府兽医行政管理部门负责本行政区域内的兽药产品批准文号的监督管理工作。

第二章　兽药产品批准文号的申请和核发

第五条　申请兽药产品批准文号的兽药，应当符合以下条件：

（一）在《兽药生产许可证》载明的生产范围内；

（二）申请前三年内无被撤销该产品批准文号的记录。

申请兽药产品批准文号连续 2 次复核检验结果不符合规定的，1 年内不再受理该兽药产品批准文号的申请。

第六条　申请本企业研制的已获得《新兽药注册证书》的兽药产品批准文号，且新兽药注册时的复核样品系申请人生产的，申请人应当向农业部提交下列资料：

（一）《兽药产品批准文号申请表》一式一份；

（二）《兽药生产许可证》复印件一式一份；

（三）《兽药 GMP 证书》复印件一式一份；

（四）《新兽药注册证书》复印件一式一份；

（五）复核检验报告复印件一式一份；

（六）标签和说明书样本一式二份；

（七）产品的生产工艺、配方等资料一式一份。

农业部自受理之日起 5 个工作日内将申请资料送中国兽医药品监察所进行专家评审，并自收到评审意见之日起 15 个工作日内作出审批决定。符合规定的，核发兽药产品批准文号，批准标签和说明书；不符合规定的，书面通知申请人，并说明理由。

申请本企业研制的已获得《新兽药注册证书》的兽药产品批准文号，但新兽药注册时的复核样品非申请人生产的，分别按照本办法第七条、第九条规定办理，申请人无需提交知识产权转让合同或授权书复印件。

第七条 申请他人转让的已获得《新兽药注册证书》或《进口兽药注册证书》的生物制品类兽药产品批准文号的，申请人应当向农业部提交本企业生产的连续三个批次的样品和下列资料：

（一）《兽药产品批准文号申请表》一式一份；

（二）《兽药生产许可证》复印件一式一份；

（三）《兽药 GMP 证书》复印件一式一份；

（四）《新兽药注册证书》或《进口兽药注册证书》复印件一式一份；

（五）标签和说明书样本一式二份；

（六）所提交样品的自检报告一式一份；

（七）产品的生产工艺、配方等资料一式一份；

（八）知识产权转让合同或授权书一式一份（首次申请提供原件，换发申请提供复印件并加盖申请人公章）。

提交的样品应当由省级兽药检验机构现场抽取，并加贴封签。

农业部自受理之日起 5 个工作日内将样品及申请资料送中国兽医药品监察所按规定进行复核检验和专家评审，并自收到检验结论和评审意见之日起 15 个工作日内作出审批决定。符合规定的，核发兽药产品批准文号，批准标签和说明书；不符合规定的，书面通知申请人，并说明理由。

第八条 申请第六条、第七条规定之外的生物制品类兽药产品批准文号的，申请人应当向农业部提交本企业生产的连续三个批次的样品和下列资料：

（一）《兽药产品批准文号申请表》一式一份；

（二）《兽药生产许可证》复印件一式一份；

（三）《兽药 GMP 证书》复印件一式一份；

（四）标签和说明书样本一式二份；

（五）所提交样品的自检报告一式一份；

（六）产品的生产工艺、配方等资料一式一份；

（七）菌（毒、虫）种合法来源证明复印件（加盖申请人公章）一式一份。

提交的样品应当由省级兽药检验机构现场抽取，并加贴封签。

农业部自受理之日起 5 个工作日内将样品及申请资料送中国兽医药品监察所按规定进行复核检验和专家评审，并自收到检验结论和评审意见之日起 15 个工作日内作出审批决定。符合规定的，核发兽药产品批准文号，批准标签和说明书；不符合规定的，书面通知申请人，并说明理由。

第九条 申请他人转让的已获得《新兽药注册证书》或《进口兽药注册证书》的非生物制品类的兽药产品批准文号的，申请人应当向所在地省级人民政府兽医行政管理部门提交本企业生产的连续三个批次的样品和下列资料：

（一）《兽药产品批准文号申请表》一式二份；

（二）《兽药生产许可证》复印件一式二份；

（三）《兽药 GMP 证书》复印件一式二份；

（四）《新兽药注册证书》或《进口兽药注册证书》复印件一式二份；

（五）标签和说明书样本一式二份；

（六）所提交样品的批生产、批检验原始记录复印件及自检报告一式二份；

（七）产品的生产工艺、配方等资料一式二份；

（八）知识产权转让合同或授权书一式二份（首次申请提供原件，换发申请提供复印件并加盖申请人公章）。

省级人民政府兽医行政管理部门自收到有关资料和样品之日起5个工作日内将样品送省级兽药检验机构进行复核检验，并自收到复核检验结论之日起10个工作日内完成初步审查，将审查意见和复核检验报告及全部申请材料一式一份报送农业部。

农业部自收到省级人民政府兽医行政管理部门审查意见之日起5个工作日内送中国兽医药品监察所进行专家评审，并自收到评审意见之日起10个工作日内作出审批决定。符合规定的，核发兽药产品批准文号，批准标签和说明书；不符合规定的，书面通知申请人，并说明理由。

第十条 申请第六条、第九条规定之外的非生物制品类兽药产品批准文号的，农业部逐步实行比对试验管理。

实行比对试验管理的兽药品种目录及比对试验的要求由农业部制定。开展比对试验的检验机构应当遵守兽药非临床研究质量管理规范和兽药临床试验质量管理规范，其名单由农业部公布。

第十一条 第十条规定的兽药尚未列入比对试验品种目录的，申请人应当向所在地省级人民政府兽医行政管理部门提交下列资料：

（一）《兽药产品批准文号申请表》一式二份；

（二）《兽药生产许可证》复印件一式二份；

（三）《兽药 GMP 证书》复印件一式二份；

（四）标签和说明书样本一式二份；

（五）产品的生产工艺、配方等资料一式二份；

（六）《现场核查申请单》一式二份。

省级人民政府兽医行政管理部门应当自收到有关资料之日起5个工作日内组织对申请资料进行审查。符合规定的，应当与申请人商定现场核查时间，组织现场核查；核查结果符合要求的，当场抽取三批样品，加贴封签后送省级兽药检验机构进行复核检验。

省级人民政府兽医行政管理部门自资料审查、现场核查或复核检验完成之日起10个工作日内将上述有关审查意见、复核检验报告及全部申请材料一式一份报送农业部。

农业部自收到省级人民政府兽医行政管理部门审查意见之日起5个工作日内，将申请资料送中国兽医药品监察所进行专家评审，并自收到评审意见之日起10个工作日内作出审批决定。符合规定的，核发兽药产品批准文号，批准标签和说明书；不符合规定的，书面通知申请人，并说明理由。

第十二条 第十条规定的兽药已列入比对试验品种目录的，按照第十一条规定提交申请资料、进行现场核查、抽样和复核检验，但抽取的三批样品中应当有一批在线抽样。

省级人民政府兽医行政管理部门自收到复核检验结论之日起10个工作日内完成初步审查。通过初步审查的，通知申请人将相关药学研究资料及加贴封签的在线抽样样品送至其自主选定的比对试验机构。比对试验机构应当严格按照药物比对试验指导原则开展比对试验，并将比对试验报告分送省级人民政府兽医行政管理部门和申请人。

省级人民政府兽医行政管理部门将现场核查报告、复核检验报告、比对试验方案、比对试验协议、比对试验报告、相关药学研究资料及全部申请资料一式一份报农业部。

农业部自收到申请资料之日起5个工作日内送中国兽医药品监察所进行专家评审，并自收到评审意见之日起10个工作日内作出审批决定。符合规定的，核发兽药产品批准文号，批准标签和说明书；不符合规定的，书面通知申请人，并说明理由。

第十三条 资料审查、现场核查、复核检验或比对试验不符合要求的，省级人民政府兽医行政管理部门可根据申请人意愿将申请资料退回申请人。

第十四条 实行比对试验管理的兽药品种目录发布前已获得兽药产品批准文号的兽药，应当在规定期限内按照本办法第十二条规定补充比对试验并提供相关材料，未在规定期限内通过审查的，依照《兽药管理条例》第六十九条第一款第二项规定撤销该产品批准文号。

第十五条 农业部在核发新兽药的兽药产品批准文号时，可以设立不超过5年的监测期。在监测期内，不批准其他企业生产或者进口该新兽药。

生产企业应当在监测期内收集该新兽药的疗效、不良反应等资料，并及时报送农业部。

兽药监测期届满后，其他兽药生产企业可根据本办法第七、九或十二条的规定申请兽药产品批准文号，但应当提交与知识产权人签订的转让合同或授权书，或者对他人专利权不构成侵权的声明。

第十六条 有下列情形之一的，兽药生产企业应当按照本办法第八条或第十一条规定重新申请兽药产品批准文号，兽药产品已进行过比对试验且结果符合规定的，不再进行比对试验：

（一）迁址重建的；

（二）异地新建车间的；

（三）其他改变生产场地的情形。

第十七条 兽药产品批准文号有效期届满需要继续生产的，兽药生产企业应当在有效期届满 6 个月前按原批准程序申请兽药产品批准文号的换发。

在兽药产品批准文号有效期内，生物制品类 1 批次以上或非生物制品类 3 批次以上经省级以上人民政府兽医行政管理部门监督抽检且全部合格的，兽药产品批准文号换发时不再做复核检验。

已进行过比对试验且结果符合规定的兽药产品，兽药产品批准文号换发时不再进行比对试验。

第十八条 对有证据表明存在安全性隐患的兽药产品，农业部暂停受理该兽药产品批准文号的申请；已受理的，中止该兽药产品批准文号的核发。

第十九条 对国内突发重大动物疫病防控急需的兽药产品，必要时农业部可以核发临时兽药产品批准文号。

临时兽药产品批准文号有效期不超过 2 年。

第二十条 兽药检验机构应当自收到样品之日起 90 个工作日内完成检验，对样品应当根据规定留样观察。样品属于生物制品的，检验期限不得超过 120 个工作日。

中国兽医药品监察所专家评审时限不得超过 30 个工作日；实行比对试验的，专家评审时限不得超过 90 个工作日。

第三章　兽药现场核查和抽样

第二十一条 省级人民政府兽医行政管理部门负责组织现场核查和抽样工作，应当根据工作需要成立 2~4 人组成的现场核查抽样组。

第二十二条 现场核查抽样人员进行现场抽样，应当按照兽药抽样相关规定进行，保证抽样的科学性和公正性。

样品应当按检验用量和比对试验方案载明数量的3~5倍抽取，并单独封签。《兽药封签》由抽样人员和被抽样单位有关人员签名，并加盖抽样单位兽药检验抽样专用章和被抽样单位公章。

第二十三条 现场核查应当包括以下内容：

（一）管理制度制定与执行情况；

（二）研制、生产、检验人员相关情况；

（三）原料购进和使用情况；

（四）研制、生产、检验设备和仪器状况是否符合要求；

（五）研制、生产、检验条件是否符合有关要求；

（六）相关生产、检验记录；

（七）其他需要现场核查的内容。

现场核查人员可以对研制、生产、检验现场场地、设备、仪器情况和原料、中间体、成品、研制记录等照相或者复制，作为现场核查报告的附件。

第四章 监督管理

第二十四条 县级以上地方人民政府兽医行政管理部门应当对辖区内兽药生产企业进行现场检查。

现场检查中，发现兽药生产企业有下列情形之一的，由县级以上地方人民政府兽医行政管理部门依法作出处理决定，应当撤销、吊销、注销兽药产品批准文号或者兽药生产许可证的，及时报发证机关处理：

（一）生产条件发生重大变化的；

（二）没有按照《兽药生产质量管理规范》的要求组织生产的；

（三）产品质量存在隐患的；

（四）其他违反《兽药管理条例》及本办法规定情形的。

第二十五条 县级以上地方人民政府兽医行政管理部门应当对上市兽药产品进行监督检查，发现有违反本办法规定情形的，依法作出处理决定，应当撤销、吊销、注销兽药产品批准文号或者兽药生产许可证的，及时报发证机关处理。

第二十六条 买卖、出租、出借兽药产品批准文号的，按照《兽药管理条例》第五十八条规定处罚。

第二十七条 有下列情形之一的，由农业部注销兽药产品批准文号，并予以公告：

（一）兽药生产许可证有效期届满未申请延续或者申请后未获得批准的；

（二）兽药生产企业停止生产超过 6 个月或者关闭的；

（三）核发兽药产品批准文号所依据的兽药国家质量标准被废止的；

（四）应当注销的其他情形。

第二十八条 生产的兽药有下列情形之一的，按照《兽药管理条例》第六十九条第一款第二项的规定撤销兽药产品批准文号：

（一）改变组方添加其他成分的；

（二）除生物制品以及未规定上限的中药类产品外，主要成分含量在兽药国家标准 150% 以上，或主要成分含量在兽药国家标准 120% 以上且累计 2 批次的；

（三）主要成分含量在兽药国家标准50%以下，或主要成分含量在兽药国家标准80%以下且累计2批次以上的；

（四）其他药效不确定、不良反应大以及可能对养殖业、人体健康造成危害或者存在潜在风险的情形。

第二十九条　申请人隐瞒有关情况或者提供虚假材料、样品申请兽药产品批准文号的，农业部不予受理或者不予核发兽药产品批准文号；申请人1年内不得再次申请该兽药产品批准文号。

第三十条　申请人提供虚假资料、样品或者采取其他欺骗手段取得兽药产品批准文号的，根据《兽药管理条例》第五十七条的规定予以处罚，申请人3年内不得再次申请该兽药产品批准文号。

第三十一条　发生兽药知识产权纠纷的，由当事人按照有关知识产权法律法规解决。知识产权管理部门生效决定或人民法院生效判决认定侵权行为成立的，由农业部依法注销已核发的兽药产品批准文号。

第五章　附　　则

第三十二条　兽药产品批准文号的编制格式为兽药类别简称+企业所在地省（自治区、直辖市）序号+企业序号+兽药品种编号。

格式如下：

（一）兽药类别简称。药物饲料添加剂的类别简称为"兽药添字"；血清制品、疫苗、诊断制品、微生态制品等类别简称为"兽药生字"；中药材、中成药、化学药品、抗生素、生化药品、放射性药品、外用杀虫剂和消毒剂等类别简称为"兽药字"；原料药简称为"兽药原字";农业部核发的临时兽药产品批准文号简称为"兽药临字"。

（二）企业所在地省（自治区、直辖市）序号用 2 位阿拉伯数字表示，由农业部规定并公告。

（三）企业序号按省排序，用 3 位阿拉伯数字表示，由省级人民政府兽医行政管理部门发布。

（四）兽药品种编号用 4 位阿拉伯数字表示，由农业部规定并公告。

第三十三条 本办法自 2016 年 5 月 1 日起施行，2004 年 11 月 24 日农业部公布的《兽药产品批准文号管理办法》（农业部令第 45 号）同时废止。

兽药质量管理有关标准

兽药生产质量管理规范

(2002 年 3 月 19 日中华人民共和国农业部令第 11 号发布)

第一章 总 则

第一条 根据《兽药管理条例》规定，制定本规范。

第二条 本规范是兽药生产和质量管理的基本准则，适用于兽药制剂生产的全过程、原料药生产中影响成品质量的关键工序。

第二章 机构与人员

第三条 兽药生产企业应建立生产和质量管理机构，各类机构和人员职责应明确，并配备一定数量的与兽药生产相适应的具有专业知识和生产经验的管理人员和技术人员。

第四条 兽药生产企业主管兽药生产管理的负责人和质量管理的负责人，应具有制药或相关专业大专以上学历，有兽药生产和质量管理工作经验。

第五条　兽药生产管理部门的负责人和质量管理部门的负责人应具有兽医、制药及相关专业大专以上学历，有兽药生产和质量管理的实践经验，有能力对兽药生产和质量管理中的实际问题作出正确的判断和处理。

兽药生产管理部门负责人和质量管理部门负责人均应由专职人员担任，并不得互相兼任。

第六条　直接从事兽药生产操作和质量检验的人员应具有高中以上文化程度，具有基础理论知识和实际操作技能。从事生产辅助性工作的人员应具有初中以上文化程度。

第七条　兽药生产企业应制订人员培训计划，按本规范要求对从事兽药生产的各类人员进行培训，经考核合格后方可上岗。

对从事高生物活性、高毒性、强污染性、高致敏性及与人畜共患病有关或有特殊要求的兽药生产操作人员和质量检验人员，应经相应专业的技术培训。

第八条　质量检验人员应经省级兽药监察所培训，经考核合格后持证上岗。质量检验负责人的任命和变更应报省级兽药监察所备案。

第三章　厂房与设施

第九条　兽药生产企业必须有整洁的生产环境，其空气、场地、水质应符合生产要求。厂区周围不应有影响兽药产品质量的污染源；厂区的地面、路面及运输等不应对兽药生产造成污染；生产、仓储、行政、生活和辅助区的总体布局应合理，不得互相妨碍。

第十条 厂房应按生产工艺流程及所要求的空气洁净度级别进行合理布局，同一厂房内以及相邻厂房之间的生产操作不得相互妨碍。厂房设计、建设及布局应符合以下要求：

1. 生产区域的布局要顺应工艺流程，减少生产流程的迂回、往返；

2. 洁净度级别高的房间宜设在靠近人员最少到达、干扰少的位置。洁净度级别相同的房间要相对集中。洁净室（区）内不同房间之间相互联系应符合品种和工艺的需要，必要时要有防止交叉污染的措施；

3. 洁净室（区）与非洁净室（区）之间应设缓冲室、气闸室或空气吹淋等防止污染的设施；

4. 洁净厂房中人员及物料的出入门应分别设置，物料传递路线应尽量缩短；

5. 物料和成品的出入口应分开；

6. 人员和物料进入洁净厂房要有各自的净化用室和设施，净化用室的设置和要求应与生产区的洁净度级别相适应；

7. 操作区内仅允许放置与操作有关的物料，设置必要的工艺设备，用于生产、贮存的区域不得用作非区域内工作人员的通道；

8. 电梯不宜设在洁净区内，确需设置时，电梯前应设缓冲室。

第十一条 厂房及仓储区应有防止昆虫、鼠类及其他动物进入的设施。

第十二条 厂房应便于进行清洁工作。非洁净室（区）厂房的地面、墙壁、天棚等内表面应平整、清洁、无污迹，易清洁。洁净室（区）内表面应平整光滑、耐冲击、无裂缝、接口严密、无颗粒物脱落，并能耐受清洗和消毒，墙壁与地面的交界处宜成弧形或采取其他措施，地面应平整光滑、无缝隙、耐磨、耐腐蚀、耐冲击，易除尘清洁。

第十三条　根据需要，厂房内应划分生产区和仓储区，具有与生产规模相适应的面积和空间，便于生产操作和安置设备，存放物料、中间产品、待验品和成品，并应最大限度地减少差错和交叉污染。

第十四条　根据兽药生产工艺要求，洁净室（区）内设置的称量室和备料室，其空气洁净度级别应与生产条件的要求一致，并有捕尘和防止交叉污染的设施。

第十五条　物料进入洁净室（区）前必须进行清洁处理，物料入口处须设置清除物料外包装的房间。无菌生产所需的物料，应经无菌处理后再从传递窗或缓冲室中传递。

第十六条　洁净室（区）内各种管道、灯具、风口以及其他公用设施，在设计和安装时应考虑使用中避免出现不易清洁的部位。

第十七条　洁净室（区）内应根据生产要求提供足够的照明。主要工作室的最低照度不得低于150勒克斯，对照度有特殊要求的生产部位可设置局部照明。厂房应有应急照明设施。厂房内其他区域的最低照度不得低于100勒克斯。

第十八条　进入洁净室（区）的空气必须净化，并根据生产工艺要求划分空气洁净级别。洁净室（区）内空气的微生物数和尘粒数应定期监测，监测结果应记录存档。

第十九条　洁净室（区）的窗户、天棚及进入室内的管道、风口、灯具与墙壁或天棚的连接部位均应密封。空气洁净度级别不同的相邻洁净室（区）之间的静压差应大于5帕。洁净室

（区）与非洁净室（区）之间的静压差应大于 10 帕。洁净室（区）与室外大气（含与室外直接相通的区域）的静压差应大于 12 帕，并应有指示压差的装置或设置监控报警系统。对生物制品的洁净室车间，上述规定的静压差数值绝对值应按工艺要求确定。

第二十条　洁净室（区）的温度和相对湿度应与兽药生产工艺要求相适应。无特殊要求时，温度应控制在 18—26℃，相对湿度控制在 30—65%。

第二十一条　洁净室（区）内安装的水池、地漏不得对兽药产生污染。

第二十二条　不同空气洁净度级别的洁净室（区）之间的人员及物料出入，应有防止交叉污染的措施。

第二十三条　生产青霉素类、β—内酰胺结构类等高致敏性兽药应使用相对独立的厂房、设施及独立的空气净化系统，分装室应保持相对负压，排至室外的废气应经净化处理并符合要求，排风口应远离其他空气净化系统的进风口。如需利用停产的该类车间分装其他产品时，则必须进行清洁处理，不得有残留并经测试合格后才能生产其他产品。

第二十四条　生物制品应按微生物类别、性质的不同分开生产。强毒菌种与弱毒菌种、生产用菌毒种与非生产用菌毒种、生产用细胞与非生产用细胞、活疫苗与灭活疫苗、灭活前与灭活后、脱毒前与脱毒后其生产操作区域和贮存设备应严格分开。

第二十五条　中药制剂的生产操作区应与中药材的前处理、提取、浓缩以及动物脏器、组织的洗涤或处理等生产操作区分开。中药材前处理操作工序应有良好的通风、排烟、除尘设施。

第二十六条　工艺用水的水处理及其配套设施的设计、安装和维护应能确保达到设定的质量标准和需要，并制订工艺用水的制造规程、贮存方法、质量标准、检验操作规程及设施的清洗规程等。

第二十七条 与兽药直接接触的干燥用空气、压缩空气和惰性气体应经净化处理，其洁净程度应与洁净室（区）内的洁净级别相同。

第二十八条 仓储区建筑应符合防潮、防火的要求，仓储面积应适用于物料及产品的分类、有序存放。待检、合格、不合格物料及产品应分库保存或严格分开码垛贮存，并有易于识别的明显标记。

对温度、湿度有特殊要求的物料或产品应置于能保证其稳定性的仓储条件下储存。

易燃易爆的危险品、废品应分别在特殊的或隔离的仓库内保存。毒性药品、麻醉药品、精神药品应按规定保存。

仓储区应有符合规定的消防间距和交通通道。

第二十九条 仓储区应保持清洁和干燥，照明、通风等设施及温度、湿度的控制应符合储存要求并定期监测。

仓储区可设原料取样或称量室，其环境的空气洁净度级别应与生产要求一致。如不在取样室取样，取样时应有防止污染和交叉污染的措施。

第三十条 质量管理部门应根据需要设置检验、中药标本、留样观察以及其他各类实验室，能根据需要对实验室洁净度、温湿度进行控制并与兽药生产区分开。生物检定、微生物限度检定和生物制品检验用强、弱毒操作间要分室进行。

第三十一条 对环境有特殊要求的仪器设备，应放置在专门的仪器室内，并有防止外界因素影响的设施。

第三十二条 实验动物房应与其他区域严格分开，其设计建造应符合国家有关规定。生产兽用生物制品必须设置生产和检验用动物房。生产其他需进行动物实验的兽药产品，兽药生产企业可采取设置实验动物房或委托其他单位进行有关动物实验的方式，被委托实验单位的实验动物房必须具备相应的条件和资质，并应符合规定要求。

第四章　设　备

第三十三条 兽药生产企业必须具备与所生产产品相适应的生产和检验设备，其性能和主要技术参数应能保证生产和产品质量控制的需要。

第三十四条 设备的设计、选型、安装应符合生产要求，易于清洗、消毒或灭菌，便于生产操作和维修、保养，并能防止差错和减少污染。

生产设备的安装需跨越两个洁净度级别不同的区域时，应采取密封的隔断装置。

第三十五条 与兽药直接接触的设备表面应光洁、平整、易清洗或消毒、耐腐蚀，不与兽药发生化学变化或吸附兽药。设备所用的润滑剂、冷却剂等不得对兽药或容器造成污染。

第三十六条 与设备连接的主要固定管道应标明管内物料名称、流向。

第三十七条 纯化水、注射用水的制备、储存和分配系统应能防止微生物的滋生和污染。储罐和输送管道所用材料应无毒、耐腐蚀。管道的设计和安装应避免死角、盲管。储罐和管道应规定清洗、灭菌周期。注射用水储罐的通气口应安装不脱落纤维的疏水性除菌滤器。注射用水的储存可采用 80℃ 以上保温、65℃ 以上保温循环或 4℃ 以下存放。

第三十八条 用于生产和检验的仪器、仪表、量器、衡器等的适用范围和精密度应符合生产和检验的要求，有明显的合格标志，并定期经法定计量部门校验。

第三十九条 生产设备应有明显的状态标志，并定期维修、保养和验证。设备安装、维修、保养的操作不得影响产品的质量。不合格的设备应搬出生产区，未搬出前应有明显标志。

第四十条 生产、检验设备及器具均应制订使用、维修、清洁、保养规程，定期检查、清洁、保养与维修，并由专人进行管理和记录。

第四十一条 主要生产和检验设备、仪器、衡器均应建立设备档案，内容包括：生产厂家、型号、规格、技术参数、说明书、设备图纸、备件清单、安装位置及施工图，以及检修和维修保养内容及记录、验证记录、事故记录等。

第五章 物 料

第四十二条 兽药生产所用物料的购入、贮存、发放、使用等应制定管理制度。

第四十三条 兽药生产所需的物料，应符合兽药标准、药品标准、包装材料标准、兽用生物制品规程或其他有关标准，不得对兽药的质量产生不良影响。进口兽药应有口岸兽药监察所的检验报告。

第四十四条 兽药生产所用的中药材应符合质量标准，其产地应保持相对稳定。中药材外包装上应标明品名、产地、来源、加工日期，并附质量合格证。

第四十五条 兽药生产所用物料应从合法或符合规定条件的单位购进，并按规定入库。

第四十六条 待验、合格、不合格物料应严格管理，有易于识别的明显标志和防止混淆的措施，并建立物料流转帐卡。不合格的物料应专区存放，并按有关规定及时处理。

第四十七条 对温度、湿度或其他条件有特殊要求的物料、中间产品和成品，应按规定条件贮存。固体、液体原料应分开贮存；挥发性物料应注意避免污染其他物料；炮制、整理加工后的净药材应使用洁净容器或包装，并与未加工、炮制的药材严格分开；贵细药材、毒性药材等应在专柜内贮存。

第四十八条 兽用麻醉药品、精神药品、毒性药品（包括药材）及易燃易爆和其他危险品的验收、贮存、保管、使用、销毁应严格执行国家有关的规定。菌毒种的验收、贮存、保管、使用、销毁应执行国家有关兽医微生物菌种保管的规定。

第四十九条 物料应按规定的使用期限贮存，未规定使用期限的，其贮存一般不超过三年，期满后应复验。贮存期内如有特殊情况应及时复验。

第五十条 兽药的标签、使用说明书应与畜牧兽医行政管理部门批准的内容、式样、文字相一致。标签内容包括：兽用标记、兽药名称（通用名、商品名）、有效成分及其含量、规格、作用用途、用法用量、批准文号、生产批号、有效期、停药期、生产厂名及地址等。

产品说明书内容应包括兽用标记、兽药名称、主要成分、性状、药理作用、作用用途、用法用量、不良反应、注意事项、停药期、有效期、贮存、生产批号、生产厂名等。

必要时标签与产品说明书内容可同时印制在产品标签、包装盒、袋上。

标签、使用说明书应经企业质量管理部门校对无误后印刷、发放、使用。

第五十一条 兽药的标签、使用说明书应由专人保管、领用，并符合以下要求：

1. 标签、使用说明书均应按品种、规格有专柜或专库存放，由专人验收、保管、发放、领用，并凭批包装指令发放，按实际需要量领取；

2. 标签要计数发放，领用人核对、签名，使用数、残损数及剩余数之和应与领用数相符，印有批号的残损或剩余标签及包装材料应由专人负责计数销毁；

3. 标签发放、使用、销毁应有记录。

第六章 卫 生

第五十二条 兽药生产企业应有防止污染的卫生措施，制订环境、工艺、厂房、人员等各项卫生管理制度，并由专人负责。

第五十三条 兽药生产车间、工序、岗位均应按生产和空气洁净度级别的要求制订厂房、设备、管道、容器等清洁操作规程，内容应包括：清洁方法、程序、间隔时间，使用的清洁剂或消毒剂，清洁工具的清洁方法和存放地点等。

第五十四条 生产区内不得吸烟及存放非生产物品和个人杂物，生产中的废弃物应及时处理。

第五十五条 更衣室、浴室及厕所的设置及卫生环境不得对洁净室（区）产生不良影响。

第五十六条 工作服的选材、式样及穿戴方式应与生产操作和空气洁净度级别要求相适应，不同级别洁净室（区）的工作服应有明显标识，并不得混用。

洁净工作服的质地应光滑、不产生静电、不脱落纤维和颗粒性物质。无菌工作服必须包盖全部头发、胡须及脚部，并能最大限度地阻留人体脱落物。

不同空气洁净度级别使用的工作服应分别清洗、整理，必要时消毒或灭菌。工作服洗涤、灭菌时不应带入附加的颗粒物质。工作服应制定清洗制度，确定清洗周期。进行病原微生物培养或操作区域内使用的工作服应消毒后清洗。

第五十七条 洁净室（区）内人员数量应严格控制，仅限于该区域生产操作人员和经批准的人员进入。

第五十八条 进入洁净室（区）的人员不得化妆和佩带饰物，不得裸手直接接触兽药。

第五十九条 洁净室（区）内应使用无脱落物、易清洗、易消毒的卫生工具，卫生工具应存放于对产品不造成污染的指定地点，并应限定使用区域。洁净室（区）应定期消毒，使用的消毒剂不得对设备、物料和成品产生污染。消毒剂品种应定期更换，防止产生耐药菌株。

第六十条 生产人员应建立健康档案。直接接触兽药的生产人员每年至少体检一次。传染病、皮肤病患者和体表有伤口者不得从事直接接触兽药的生产。

第七章 验 证

第六十一条 兽药生产验证应包括厂房、设施及设备安装确认、运行确认、性能确认、模拟生产验证和产品验证及仪器仪表的校验。

第六十二条 产品的生产工艺及关键设施、设备应按验证方案进行验证。当影响产品质量的主要因素,如工艺、质量控制方法、主要原辅料、主要生产设备或主要生产介质等发生改变时,以及生产一定周期后,应进行再验证。

第六十三条 应根据验证对象提出验证项目,并制订工作程序和验证方案。验证工作程序包括:提出验证要求、建立验证组织、完成验证方案的审批和组织实施。

第六十四条 验证方案主要内容包括:验证目的、要求、质量标准、实施所需要的条件、测试方法、时间进度表等。验证工作完成后应写出验证报告,由验证工作负责人审核、批准。

第六十五条 验证过程中的数据和分析内容应以文件形式归档保存。验证文件应包括验证方案、验证报告、评价和建议、批准人等。

第八章 文 件

第六十六条 兽药生产企业应有完整的生产管理、质量管理文件和各类管理制度、记录。

第六十七条 各类制度及记录内容应包括:

1. 企业管理、生产管理、质量管理、生产辅助部门的各项管理制度;

2. 厂房、设施和设备的使用、维护、保养、检修等制度和记录;

3. 物料验收、发放管理制度和记录;

4. 生产操作、质量检验、产品销售、用户投诉等制度和记录;

5. 环境、厂房、设备、人员、工艺等卫生管理制度和记录；

6. 不合格品管理、物料退库和报废、紧急情况处理、三废处理等制度和记录；

7. 本规范和专业技术培训等制度和记录。

第六十八条　产品生产管理文件主要包括生产工艺规程、岗位操作法或标准操作规程、批生产记录等。

1. 生产工艺规程内容包括：品名，剂型，处方，生产工艺的操作要求，物料、中间产品、成品的质量标准和技术参数及贮存注意事项，物料平衡的计算方法，成品容器，包装材料的要求等。

2. 岗位操作法内容包括：生产操作方法和要点，重点操作的复核、复查，中间体、半成品质量标准及控制，安全和劳动保护，设备维修、清洗，异常情况处理和报告，工艺卫生和环境卫生等。

3. 标准操作规程内容包括：题目、编号、制定人及制定日期、审核人及审核日期、批准人及批准日期、颁发部门、生效日期、分发部门、标题及正文。

4. 批生产记录内容包括：产品名称、剂型、规格、本批的配方及投料、所用容器和标签及包装材料的说明、生产批号、生产日期、操作者、复核者签名，有关操作与设备、相关生产阶段的产品数量、物料平衡的计算、生产过程的控制记录、检验结果及特殊情况处理记录，并附产品标签、使用说明书。

第六十九条　产品质量管理文件主要包括：

1. 产品的申请和审批文件；

2. 物料、中间产品和成品质量标准、企业内控标准及其检验操作规程；

3. 产品质量稳定性考察；

4. 批检验记录，并附检验原始记录和检验报告单。

第七十条 兽药生产企业应建立文件的起草、修订、审查、批准、撤销、印刷和保管的管理制度。分发、使用的文件应为批准的现行文本，已撤销和过时的文件除留档备查外，不得在工作现场出现。

第七十一条 生产管理文件和质量管理文件应符合以下要求：

1. 文件标题应能清楚地说明文件的性质；

2. 各类文件应有便于识别其文本、类别的系统编号和日期；

3. 文件数据的填写应真实、清晰，不得任意涂改，若确需修改，需签名和标明日期，并应使原数据仍可辨认；

4. 文件不得使用手抄件；

5. 文件制定、审查和批准的责任应明确，并有责任人签名。

第九章　生产管理

第七十二条 兽药生产企业应制订生产工艺规程、岗位操作法或标准操作规程，并不得任意更改。如需更改时应按原文件制订程序办理有关手续。

第七十三条 生产操作前，操作人员应检查生产环境、设施、设备、容器的清洁卫生状况和主要设备的运行状况，并认真核对物料、半成品数量及检验报告单。

第七十四条 每批产品应按产量和数量的物料平衡进行检查。如有显著差异，必须查明原因，在得出合理解释、确认无潜在质量事故后，方可按正常产品处理。

第七十五条 批生产记录应及时填写，做到字迹清晰、内容真实、数据完整，并由操作人及复核人签名。记录应保持整洁，不得撕毁和任意涂改；更改时应在更改处签名，并使原数据仍可辨认。

批生产记录应按批号归档，保存至兽药有效期后一年。未规定有效期的兽药，批生产记录应保存三年。

第七十六条 在规定期限内具有同一性质和质量，并在同一连续生产周期中生产出来的一定数量的兽药为一批。每批产品均应编制生产批号。

第七十七条 兽药生产操作应采取以下措施：

1. 生产前应确认生产环境中无上次生产遗留物；

2. 应防止尘埃的产生和扩散；

3. 不同产品品种、规格的生产操作不得在同一生产操作间同时进行；有数条包装线同时进行包装时，应采取隔离或其他有效防止污染或混淆的设施；

4. 生产过程应按工艺、质量控制要点进行中间检查，并填写生产记录；

5. 生产过程中应防止物料及产品所产生的气体、蒸汽、喷雾物或生物体等引起的交叉污染；

6. 每一生产操作间或生产用设备、容器应有所生产的产品或物料名称、批号、数量等状态标志；

7. 不同药性的药材不得在一起洗涤，洗涤后的药材及切制的炮制品不宜露天干燥；

8. 药材及中间产品的灭菌方法以不改变药材的药效、质量为原则。

第七十八条 应根据产品工艺规程选用工艺用水，工艺用水应符合质量标准，并定期检验，检验有记录。应根据验证结果规定检验周期。

第七十九条 产品应有批包装记录，内容包括：

1. 待包装产品的名称、批号、含量规格和包装规格；

2. 印有批号的标签和使用说明书及产品合格证；

3. 待包装产品和包装材料的领取数量及发放人、领用人、核对人签名；

4. 已包装产品的数量；

5. 前次包装操作的清场记录（副本）及本次包装清场记录（正本）；

6. 本次包装操作完成后的检验核对结果、核对人签名；

7. 生产操作负责人签名。

第八十条 每批产品的每一生产阶段完成后必须由生产操作人员清场，填写清场记录。清场记录内容应包括：工序、品名、生产批号、清场日期、检查项目及结果、清场负责人及复查人签名。清场记录应纳入批生产记录。

第十章 质量管理

第八十一条 兽药生产企业质量管理部门负责兽药生产全过程的质量管理和检验，受企业负责人直接领导。质量管理部门应配备一定数量的质量管理和检验人员，并有与兽药生产规模、品种、检验要求相适应的场所、仪器、设备。

第八十二条 质量管理部门的主要职责：

1. 制订企业质量责任制和质量管理及检验人员的职责；

2. 负责组织自检工作；

3. 负责验证方案的审核；

4. 制修订物料、中间产品和成品的内控标准和检验操作规程，制定取样和留样观察制度；

5. 制订检验用设施、设备、仪器的使用及管理办法；实验动物管理办法及消毒剂使用管理办法等；

6. 决定物料和中间产品的使用；

7. 审核成品发放前批生产记录，决定成品发放；

8. 审核不合格品处理程序；

9. 对物料、标签、中间产品和成品进行取样、检验、留样，并出具检验报告；

10. 定期监测洁净室（区）的尘粒数和微生物数和对工艺用水的质量监测；

11. 评价原料、中间产品及成品的质量稳定性，为确定物料贮存期、兽药有效期提供数据；

12. 负责产品质量指标的统计考核及总结报送工作；

13. 负责建立产品质量档案工作。产品质量档案内容应包括：产品简介；质量标准沿革；主要原辅料、半成品、成品质量标准；历年质量情况及留样观察情况；与国内外同类产品对照情况；重大质量事故的分析、处理情况；用户访问意见、检验方法变更情况、提高产品质量的试验总结等；

14. 负责组织质量管理、检验人员的专业技术及本规范的培训、考核及总结工作；

15. 会同企业有关部门对主要物料供应商质量体系进行评估。

第十一章　产品销售与收回

第八十三条　每批成品均应有销售记录。根据销售记录能追查每批兽药的售出情况，必要时应能及时全部追回。销售记录内容应包括：品名、剂型、批号、规格、数量、收货单位和地址、发货日期等。

第八十四条　销售记录应保存至兽药有效期后一年。未规定有效期的兽药，其销售记录应保存三年。

第八十五条　兽药生产企业应建立兽药退货和收回的书面程序，并有记录。兽药退货和收回记录内容应包括：品名、批号、规格、数量、退货和收回单位及地址、退货和收回原因及日期、处理意见。

因质量原因退货和收回的兽药制剂，应在企业质量管理部门监督下销毁，涉及其他批号时，应同时处理。

第十二章　投诉与不良反应报告

第八十六条　企业应建立兽药不良反应监察报告制度，指定专门部门或人员负责管理。

第八十七条　对用户的产品质量投诉和产品不良反应应详细记录和调查处理，并连同原投诉材料存档备查。对兽药不良反应应及时向当地农牧行政管理部门提出书面报告。

第八十八条　兽药生产出现重大质量问题和严重的安全问题时，应立即停止生产，并及时向当地农牧行政管理机关报告。

第十三章　自　检

第八十九条　兽药生产企业应制定自检工作程序和自检周期，设立自检工作组，并定期组织自检。自检工作组应由质量、生产、销售等管理部门中熟悉专业及本规范的人员组成。自检工作每年至少一次。

第九十条 自检工作应按自检工作程序对人员、厂房、设备、文件、生产、质量控制、兽药销售、用户投诉和产品收回的处理等项目和记录定期进行检查，以证实与本规范的一致性。

第九十一条 自检应有记录。自检完成后应形成自检报告，内容包括自检的结果、评价的结论以及改进措施和建议，自检报告和记录应归档。

第十四章 附 则

第九十二条 本规范下列用语的含义是：

兽药制剂：片剂、注射剂、粉剂、预混剂、口服溶液剂、混悬剂、胶囊剂、散剂、颗粒剂、软膏剂、酊剂、灌注剂、流浸膏与浸膏剂、兽用生物制品等。

物料：原料、辅料、包装材料等。

批号：用于识别"批"的一组数字或字母加数字。用以追溯或审查该批兽药的生产历史。

待验：物料在允许投料、使用或出厂前所处的搁置、等待检验结果的状态。

批生产记录：一个批次的待包装品或成品的所有生产记录。批生产记录能提供该批产品的生产历史，以及与质量有关的情况。

物料平衡：产品或物料的理论产量或理论用量与实际产量或用量之间的比较，并适当考虑可允许的正常偏差。

标准操作规程：经批准用以指示操作的通用性文件或管理办法。

生产工艺规程：规定为生产一定数量成品所需起始原料和包

装材料的数量，以及工艺、加工说明、注意事项，包括生产过程中控制的一个或一套文件。

工艺用水：兽药生产工艺中使用的水，包括：饮用水、纯化水、注射用水。

纯化水：为蒸馏法、离子交换法、反渗透法或其他适宜的方法制得供药用的水，不含任何附加剂。

注射用水：符合 2000 年版《中国兽药典》注射用水项下规定的水。

洁净室（区）：需要对尘粒及微生物含量进行控制的房间（区域）。其建筑结构、装备及其使用均具有减少该区域内污染源的介入、产生和滞留的功能。

验证：证明任何程序、生产过程、设备、物料、活动或系统确实能达到预期结果的有文件证明的一系列活动。

兽药不良反应：包括所有危及动物健康或生命及导致饲料报酬明显下降的不良反应；疑为兽药所致的致畸、致癌、致突变反应；各种类型的过敏反应；疑为兽药间相互作用所致的不良反应；因兽药质量或稳定性问题引起的不良反应；其他一切意外的不良反应。

第九十三条 不同类别兽药的生产质量管理特殊要求列入本规范附录。

第九十四条 本规范由农业部负责解释。

第九十五条 本规范自 2002 年 6 月 19 日起施行。原农业部颁布的《兽药生产质量管理规范（试行）》（〔1989〕农〔牧〕字第 52 号）和《兽药生产质量管理规范实施细则（试行）》（农牧发〔1994〕32 号）同时废止。

附录：

一、总则

1. 本附录为《兽药生产质量管理规范》对无菌兽药、非无菌兽药、原料药、兽用生物制品、预混剂、中药制剂等生产和质量管理特殊要求的补充规定。

2. 兽药生产洁净室（区）的空气洁净度划分为四个级别：

洁净室（区）空气洁净级别表

洁净度级别	尘粒最大允许数/立方米（静态）		微生物最大允许数（静态）		换气次数
	≥0.5μm	≥0.5μm	浮游菌/立方米	浮游菌/φ90m0.5h	
100 级	3500	0	5	0.5	附注2
1000 级	350000	2000	50	1.5	≥20 次/时
10000 级	3500000	20000	150	3	≥15 次/时
300000 级	10500000	60000	300	5	≥10 次/时

注：（1）尘埃粒子数/立方米，要求对≥0.5μm和≥5μm的尘粒均测定，浮游菌/立方米和沉降菌/皿，可任测一种。

（2）100级洁净室（区）0.8米高的工作区的截面最低风速：垂直单向流0.25米/秒；水平单向流0.35米/秒。

（3）洁净室的测定参照 JGJ 71—90《洁净室施工及验收规范》执行。

3. 洁净室（区）的管理需符合下列要求：

（1）洁净室（区）内人员数量应严格控制，对进入洁净室（区）的临时外来人员应进行指导和监督。

（2）洁净室（区）与非洁净室（区）之间必须设置缓冲设施，人、物流走向合理。

（3）100级洁净室（区）内不得设置地漏，操作人员不应裸手操作，手部应及时消毒。

（4）传输设备不应在 10000 级的强毒、活毒生物洁净室（区）以及强致敏性洁净室（区）与低级别的洁净室（区）之间穿越，传输设备的洞口应保证气流从相对正压侧流向相对负压侧。

（5）100000 级及其以上区域的洁净工作服应在洁净室（区）内洗涤、干燥、整理，必要时应按要求灭菌。

（6）洁净室（区）内设备保温层表面应平整、光洁，不得有颗粒性物质脱落。

（7）洁净室（区）鉴定或验收检测，要求两种粒径的尘埃粒子数以及浮游菌数或沉降菌中任一种结果均必须符合静态条件下的规定数值，此外还应定期监测动态条件下的洁净状况。

（8）洁净室（区）的净化空气如可循环使用，应采取有效措施避免污染和交叉污染。

（9）洁净室（区）的噪声不应高于 60 分贝（A），其中局部 100 级的房间宜不高于 63 分贝（A），局部百级区和全室 100 级的房间应不高于 65 分贝（A）。

（10）洁净室的换气次数和工作区截面风速，一般应不超过其级别规定的换气次数和截面风速的 130%，特殊情况下应按设计结果选用。

（11）空气净化系统应按规定清洁、维修、保养并作记录。

4. 兽药生产过程的验证内容必须包括：

（1）空气净化系统

（2）工艺用水系统

（3）工艺用气系统

（4）生产工艺及其变更

（5）设备清洗

（6）主要原辅材料变更

无菌兽药生产过程的验证内容还应增加：

（1）灭菌设备

（2）药液滤过及灌封（分装）系统

5. 水处理及其配套系统的设计、安装和维护应能确保供水达到设定的质量标准。

6. 印有与标签内容相同的兽药包装物，应按标签管理。

7. 兽药零头包装只限两个批号为一个合箱，合箱外应标明全部批号，并建立合箱记录。

8. 兽药放行前应由质量管理部门对有关记录进行审核，审核内容应包括：配料、称重过程中的复核情况；各生产工序检查记录；清场记录；中间产品质量检验结果；偏差处理；成品检验结果等。符合要求并有审核人员签字后方可放行。

二、无菌兽药

无菌兽药是指法定兽药标准中列有无菌检查项目的制剂。

1. 无菌兽药生产环境的空气洁净度级别要求：

（1）最终灭菌兽药

10000 级背景下的局部 100 级：大容量静脉注射剂（≥50 毫升）的灌封。

10000 级：注射剂的稀配、滤过；

大容量非静脉注射剂和小容量注射剂的灌封；

直接接触兽药的包装材料最终处理后的暴露环境。

100000 级：注射剂浓配或采用密闭系统的稀配；

直接接触兽药的包装材料的最后一次精洗。

（2）非最终灭菌兽药

10000级背景下局部100级：灌装前不需除菌滤过的药液配制；注射剂的灌封、分装和压塞；

直接接触兽药的包装材料最终处理后的暴露环境。

10000级：灌装前需除菌滤过的药液配制。

100000级：轧盖，直接接触兽药的包装材料精洗的最低要求。

（3）其他无菌兽药

2. 无菌灌装设备应定期用微生物学方法检查，并定期验证，结果纳入记录。

3. 灭菌设备宜选用双扉式灭菌柜，并具有自动监测、记录装置功能，其他灭菌器内部工作状态应用仪表检测，其选型、安装、使用应与生产要求相适应，并定期验证。

4. 与药液接触的设备、容器具、管路、阀门、输送泵等应采用优质耐腐蚀材质，管路的安装应尽量减少连（焊）接。过滤器材不得吸附药液组分和释放异物。

禁止使用含有石棉的过滤器材。

5. 直接接触兽药的包装材料不得回收使用。

6. 批次划分原则：

（1）大、小容量注射剂以同一配液罐一次所配制的药液所生产的均质产品为一批。

（2）粉针剂以同一批原料药在同一连续生产周期内生产的均质产品为一批。

（3）冻干粉针剂以同一批药液使用同一台冻干设备在同一生产周期内生产的均质产品为一批。

7. 直接接触兽药的包装材料最后一次精洗用水应符合注射用

水质量标准。

8. 应采取措施以避免物料、容器和设备最终清洗后的二次污染。

9. 直接接触兽药的包装材料、设备和其他物品的清洗、平燥、灭菌到使用时间间隔应有规定。

10. 药液从配制到灭菌或除菌过滤的时间间隔应有规定。

11. 物料、容器、设备或其他物品需进入无菌作业区时应经过消毒或灭菌处理。

12. 成品的无菌检查必须按灭菌柜次取样检验。

13. 原料、辅料应按品种、规格、批号分别存放，并按批取样检验。

三、非无菌兽药

非无菌兽药是指法定兽药标准中未列无菌检查项目的制剂。

1. 非无菌兽药特定生产环境空气洁净度级别要求：

（1）100000 级：非最终灭菌口服液体兽药的暴露工序；

深部组织创伤外用兽药、眼用兽药的暴露工序；

除直肠用药外的腔道用药的暴露工序。

（2）300000 级：最终灭菌口服液体兽药的暴露工序；

片剂、胶囊剂、颗粒剂等口服固体兽药的暴露工序；

表皮外用兽药的暴露工序；

直肠用药的暴露工序。

2. 非无菌兽药一般生产环境基本要求：

厂房内表面建筑需符合非洁净室（区）的标准，门窗应能密闭，并有除尘净化设施或除尘、排湿、排风、降温等设施，人员、物料进出及生产操作和各项卫生管理措施应参照洁净室（区）管理。

该环境适用于以下兽药制剂的生产：

（1）预混剂；

（2）粉剂；

（3）散剂；

（4）浸膏剂与流浸膏。

3. 外用杀虫剂、消毒剂生产环境要求：

厂房建筑、设施需符合《规范》要求，远离其他兽药制剂生产线，并具有良好的通风条件和可避免环境污染的设施。

4. 直接接触兽药的包装材料最终处理的暴露工序洁净度级别应与其兽药生产环境相同。

5. 产尘量大的洁净室（区）经捕尘处理仍不能避免交叉污染时，其空气净化系统不得利用回风。

6. 空气洁净度级别相同的区域，产尘量大的操作室应保持相对负压。

7. 生产激素类兽药制剂当不可避免与其他兽药交替使用同一设备和空气净化系统时，应采用有效的防护、清洁措施和必要的验证。

8. 干燥设备进风口应有过滤装置，进风的洁净度应与兽药生产要求相同，出风口应有防止空气倒流的装置。

9. 软膏剂、栓剂等配制和灌装的生产设备、管道应方便清洗和消毒。

10. 批次划分原则：

（1）固体、半固体制剂在成型或分装前使用同一台混合设备一次混合量所生产的均质产品为一批。

（2）液体制剂以灌装（封）前经最后混合的药液所生产的均

质产品为一批。

11. 生产用模具的采购、验收、保管、维护、发放及报废应制定相应管理制度，设专人专柜保管。

12. 兽药上直接印字所用油墨应符合食用标准要求。

13. 生产过程中应避免使用易碎、易脱屑、易长霉器具；使用筛网时应有防止因筛网断裂而造成污染的措施。

14. 液体制剂的配制、滤过、灌封、灭菌等过程应在规定时间内完成。

15. 软膏剂、眼膏剂、栓剂生产中的中间产品应规定储存期和储存条件。

16. 配料（外用杀虫剂、消毒剂除外）工艺用水及直接接触兽药的设备、器具和包装材料最后一次洗涤用水应符合纯化水质量标准。

17. 外用杀虫剂、消毒剂工艺用水及直接接触兽药的设备、器具和包装材料最后一次洗涤用水应符合饮用水质量标准。

四、原料药

1. 从事原料药生产的人员应接受原料药生产特定操作的有关知识培训。

2. 易燃、易爆、有毒、有害物质的生产和储存的厂房设施应符合国家的有关规定。

3. 原料药精制、干燥、包装生产环境的空气洁净度级别要求：

（1）法定兽药标准中列有无菌检查项目的原料药，其暴露环境应为10000级背景下局部100级；

（2）其他原料药的生产暴露环境不低于300000级。

（3）外用杀虫剂、消毒剂原料药生产需符合其制剂生产条件的要求。

4. 中间产品的质量检验与生产环境有交叉影响时，其检验场所不应设置在该生产区域内。

5. 原料药生产宜使用密闭设备；密闭的设备、管道可以安置于室外。使用敞口设备或打开设备操作时，应有避免污染措施。

6. 难以精确按批号分开的大批量、大容量原料、溶媒等物料入库时应编号；其收、发、存、用应制定相应的管理制度。

7. 企业可根据工艺要求、物料的特性以及对供应商质量体系的审核情况，确定物料的质量控制项目。

8. 物料因特殊原因需处理使用时，应有审批程序，经企业质量管理负责人批准后发放使用。

9. 批次划分原则：

（1）连续生产的原料药，在一定时间间隔内生产的在规定限度内的均质产品为一批。

（2）间歇生产的原料药，可由一定数量的产品经最后混合所得的在规定限度内的均质产品为一批。混合前的产品必须按同一工艺生产并符合质量标准，且有可追踪的记录。

10. 原料药的生产记录应具有可追踪性，其批生产记录至少从粗品的精制工序开始。连续生产的批生产记录，可为该批产品各工序生产操作和质量监控的记录。

11. 不合格的中间产品，应明确标示并不得流入下道工序；因特殊原因需处理使用时，应按规定的书面程序处理并有记录。

12. 更换品种时，必须对设备进行彻底的清洁。在同一设备连续生产同一品种时，如有影响产品质量的残留物，更换批次时，也应对设备进行彻底的清洁。

13. 难以清洁的特定类型的设备可专用于特定的中间产品、原料药的生产和储存。

14. 物料、中间产品和原料药在厂房内或厂房间的流转应有避免混淆和污染的措施。

15. 无菌原料药精制工艺用水及直接接触无菌原料药的包装材料的最后洗涤用水应符合注射用水质量标准，其他原料药精制工艺用水应符合纯化水质量标准。

16. 应建立发酵用菌种保管、使用、储存、复壮、筛选等管理制度，并有记录。

17. 对可以重复使用的包装容器，应根据书面程序清洗干净，并去除原有的标签。

18. 原料药留样包装应与产品包装相同或使用模拟包装，保存在与产品标签说明相符的条件下，并按留样管理规定进行观察。

五、生物制品

1. 从事生物制品制造的全体人员（包括清洁人员、维修人员）均应根据其生产的制品和所从事的生产操作进行卫生学、微生物学等专业和安全防护培训。

2. 生产和质量管理负责人应具有兽医、药学等相关专业知识，并有丰富的实践经验以确保在其生产、质量管理中履行其职责。

3. 生物制品生产环境的空气洁净度级别要求：

（1）10000 级背景下的局部 100 级：细胞的制备、半成品制备中的接种、收获及灌装前不经除菌过滤制品的合并、配制、灌封、冻干、加塞、添加稳定剂、佐剂、灭活剂等；

（2）10000 级：半成品制备中的培养过程，包括细胞的培养、接种后鸡胚的孵化、细菌培养及灌装前需经除菌过滤制品、配制、精制、添加稳定剂、佐剂、灭活剂、除菌过滤、超滤等；

体外免疫诊断试剂的阳性血清的分装、抗原—抗体分装；

（3）100000级：鸡胚的孵化、溶液或稳定剂的配制与灭菌、血清等的提取、合并、非低温提取、分装前的巴氏消毒、轧盖及制品最终容器的精洗、消毒等；发酵培养密闭系统与环境（暴露部分需无菌操作）；酶联免疫吸附试剂的包装、配液、分装、干燥；

4. 各类制品生产过程中涉及高危致病因子的操作，其空气净化系统等设施还应符合特殊要求。

5. 生产过程中使用某些特定活生物体阶段，要求设备专用，并在隔离或封闭系统内进行。

6. 操作烈性传染病病原、人畜共患病病原、芽孢菌应在专门的厂房内的隔离或密闭系统内进行，其生产设备须专用，并有符合相应规定的防护措施和消毒灭菌、防散毒设施。对生产操作结束后的污染物品应在原位消毒、灭菌后，方可移出生产区。

7. 如设备专用于生产孢子形成体，当加工处理一种制品时应集中生产。在某一设施或一套设施中分期轮换生产芽孢菌制品时，在规定时间内只能生产一种制品。

8. 生物制品的生产应避免厂房与设施对原材料、中间体和成品的潜在污染。

9. 聚合酶链反应试剂（PCR）的生产和检定必须在各自独立的环境进行，防止扩增时形成的气溶胶造成交叉污染。

10. 生产用菌毒种子批和细胞库，应在规定储存条件下，专库存放，并只允许指定的人员进入。

11. 以动物血、血清或脏器、组织为原料生产的制品必须使用专用设备，并与其他生物制品的生产严格分开。

12. 使用密闭系统生物发酵罐生产的制品可以在同一区域同时生产，如单克隆抗体和重组 DNA 产品等。

13. 各种灭活疫苗（包括重组 DNA 产品）、类毒素及细胞提取物的半成品的生产可以交替使用同一生产区，在其灭活或消毒后可以交替使用同一灌装间和灌装、冻干设施，但必须在一种制品生产、分装或冻干后进行有效的清洁和消毒，清洁消毒效果应定期验证。

14. 用弱毒（菌）种生产各种活疫苗，可以交替使用同一生产区、同一灌装间或灌装、冻干设施，但必须在一种制品生产、分装或冻干完成后进行有效的清洁和消毒，清洁和消毒的效果应定期验证。

15. 操作有致病作用的微生物应在专门的区域内进行，并保持相对负压。

16. 有菌（毒）操作区与无菌（毒）操作区应有各自独立的空气净化系统。来自病原体操作区的空气不得再循环或仅在同一区内再循环，来自危险度为二类以上病原体的空气应通过除菌过滤器排放，对外来病原微生物操作区的空气排放应经高效过滤，滤器的性能应定期检查。

17. 使用二类以上病原体强污染性材料进行制品生产时，对其排出污物应有有效的消毒设施。

18. 用于加工处理活生物体的生产操作区和设备应便于清洁和去除污染，能耐受熏蒸消毒。

19. 用于生物制品生产、检验的动物室应分别设置。检验动物应设置安全检验、免疫接种和强毒攻击动物室。动物饲养管理的要求，应符合实验动物管理规定。

20. 生物制品生产、检验过程中产生的污水、废弃物、动物粪便、垫草、带毒尸体等应具有相应设施，进行无害化处理。

21. 生产用注射用水应在制备后 6 小时内使用；制备后 4 小时内灭菌 72 小时内使用，或者在 80℃以上保温、65℃以上保温循环或 4℃以下存放。

22. 管道系统、阀门和通气过滤器应便于清洁和灭菌，封闭性容器（如发酵罐）应用蒸汽灭菌。

23. 生产过程中污染病原体的物品和设备均要与未用过的灭菌物品和设备分开，并有明显标志。

24. 生物制品生产用的主要原辅料（包括血液制品的原料血浆）必须符合质量标准，并由质量保证部门检验合格签证发放。

25. 生物制品生产用物料须向合法和有质量保证的供方采购，应对供应商进行评估并与之签订较固定供需合同，以确保其物料的质量和稳定性。

26. 动物源性的原材料使用时要详细记录，内容至少包括动物来源、动物繁殖和饲养条件、动物的健康情况。用于疫苗生产、检验的动物应符合《兽用生物制品规程》规定的"生产、检验用动物暂行标准"。

27. 需建立生产用菌毒种的原始种子批、基础种子批和生产种子批系统。种子批系统应有菌毒种原始来源、菌毒种特征鉴定、传代谱系、菌毒种是否为单一纯微生物、生产和培育特征、最适保存条件等完整资料。

28. 生产用细胞需建立原始细胞库、基础细胞库和生产细胞库系统，细胞库系统应包括：细胞原始来源（核型分析，致瘤性）、群体倍增数、传代谱系、细胞是否为单一纯化细胞系、制备方法、最适保存条件控制代次等。

29. 从事人畜共患病生物制品生产、维修、检验和动物饲养的操作人员、管理人员，应接种相应疫苗并定期进行体检。

30. 生产生物制品的洁净区和需要消毒的区域，应选择使用一种以上的消毒方式，定期轮换使用，并进行检测，以防止产生耐药菌株。

31. 在生产日内，没有经过明确规定的去污染措施，生产人员不得由操作活微生物或动物的区域进入到操作其他制品或微生物的区域。与生产过程无关的人员不应进入生产控制区，必须进入时，要穿着无菌防护服。

32. 从事生产操作的人员应与动物饲养人员分开。

33. 生物制品应严格按照《兽用生物制品规程》或农业部批准的《试行规程》规定的工艺方法组织生产。

34. 对生物制品原辅材料、半成品及成品应严格按照《兽用生物制品规程》或《兽用生物制品质量标准》的规定进行检验。

35. 生物制品生产应按照《兽用生物制品规程》中的"制品组批与分装规定"进行分批和编写批号。

36. 生物制品的国家标准品应由中国兽医药品监察所统一制备、标定和分发。生产企业可根据国家标准制备其工作标准品。

37. 生物制品生产企业设立的监察室应直属企业负责人领导，负责对物料、设备、质量检验、销售及不良反应的监督与管理，并执行《生物制品企业监察室组织办法》的有关规定。

六、中药制剂

1. 主管中兽药生产和质量管理的负责人应具有中药专业知识。

2. 中药材、中药饮片验收人员应经相关知识的培训，具备鉴别药材真伪、优劣的技能。

3. 用于直接入药的净药材和干膏的配料、粉碎、混合、过筛等生产操作的厂房门窗应能密闭，必要时有良好的除湿、排风、除尘、降温等设施，人员、物料进出及生产操作应参照洁净室（区）管理。

其他中药制剂生产环境及空气洁净度级别要求同无菌兽药、非无菌兽药中的相关要求。

4. 中药材储存条件应能保证其产品质量要求，原料库与净料库，毒性药材、贵细药材应分别设置专库或专柜。

5. 中药材使用前须按规定进行拣选、整理、剪切、炮制、洗涤等加工。

6. 净选药材的厂房内应设拣选工作台。工作台表面应平整、不易产生脱落物。

7. 中药材炮制中的蒸、炒、炙、煅等厂房应与其生产规模相适应，并有良好的通风、除尘、除烟、降温等设施。

8. 中药材、中药饮片的提取、浓缩等厂房应与其生产规模相适应，并有良好的排风及防止污染和交叉污染等设施。

9. 中药材筛选、切制、粉碎等生产操作的厂房应安装捕吸尘等设施。

10. 与兽药直接接触的工具、容器应表面整洁，易清洗消毒，不易产生脱落物。

11. 购入的中药材、中药饮片应有详细记录，每件包装上应附有明显标记，标明品名、规格、数量、产地、来源、采收（加工）日期。毒性药材、易燃易爆等药材外包装上应有明显的规定标志。

12. 批的划分原则：

（1）固体制剂在成型或分装前使用同一台混合设备一次混合量所生产的均质产品为一批。如采用分次混合，经验证，在规定限度内所生产一定数量的均质产品为一批。

（2）液体制剂、浸膏剂与流浸膏以灌装（封）前经同一台混合设备最后一次混合的药液所生产的均质产品为一批。

13. 生产中所需贵细、毒性药材、中药饮片，应按规定监控投料，并有记录。

14. 中药制剂生产过程中应采取以下防止交叉污染和混淆的措施：

（1）中药材不能直接接触地面。

（2）含有毒性药材的兽药生产操作，应有防止交叉污染的特殊措施。

（3）不同的药材不宜同时洗涤。

（4）洗涤及切制后的药材和炮制品不得露天干燥。

15. 中药材、中间产品、成品的灭菌方法应以不改变质量为原则。

16. 中药材、中药饮片清洗、浸润、提取工艺用水的质量标准应不低于饮用水标准。

兽药经营质量管理规范

中华人民共和国农业部令

2010 年第 3 号

《兽药经营质量管理规范》已于 2010 年 1 月 4 日经

农业部第 1 次常务会议审议通过，现予发布，自 2010 年

3 月 1 日起施行。

二〇一〇年一月十五日

第一章　总　则

第一条　为加强兽药经营质量管理，保证兽药质量，根据
《兽药管理条例》，制定本规范。

第二条　本规范适用于中华人民共和国境内的兽药经营企业。

第二章　场所与设施

第三条　兽药经营企业应当具有固定的经营场所和仓库，其
面积应当符合省、自治区、直辖市人民政府兽医行政管理部门的
规定。经营场所和仓库应当布局合理，相对独立。

经营场所的面积、设施和设备应当与经营的兽药品种、经营
规模相适应。兽药经营区域与生活区域、动物诊疗区域应当分别
独立设置，避免交叉污染。

第四条　兽药经营企业的经营地点应当与《兽药经营许可

证》载明的地点一致。《兽药经营许可证》应当悬挂在经营场所的显著位置。

变更经营地点的，应当申请换发兽药经营许可证。

变更经营场所面积的，应当在变更后 30 个工作日内向发证机关备案。

第五条 兽药经营企业应当具有与经营的兽药品种、经营规模适应并能够保证兽药质量的常温库、阴凉库（柜）、冷库（柜）等仓库和相关设施、设备。

仓库面积和相关设施、设备应当满足合格兽药区、不合格兽药区、待验兽药区、退货兽药区等不同区域划分和不同兽药品种分区、分类保管、储存的要求。

变更仓库位置，增加、减少仓库数量、面积以及相关设施、设备的，应当在变更后 30 个工作日内向发证机关备案。

第六条 兽药直营连锁经营企业在同一县（市）内有多家经营门店的，可以统一配置仓储和相关设施、设备。

第七条 兽药经营企业的经营场所和仓库的地面、墙壁、顶棚等应当平整、光洁，门、窗应当严密、易清洁。

第八条 兽药经营企业的经营场所和仓库应当具有下列设施、设备：

（一）与经营兽药相适应的货架、柜台；

（二）避光、通风、照明的设施、设备；

（三）与储存兽药相适应的控制温度、湿度的设施、设备；

（四）防尘、防潮、防霉、防污染和防虫、防鼠、防鸟的设施、设备；

（五）进行卫生清洁的设施、设备等。

第九条 兽药经营企业经营场所和仓库的设施、设备应当齐备、整洁、完好，并根据兽药品种、类别、用途等设立醒目标志。

第三章 机构与人员

第十条 兽药经营企业直接负责的主管人员应当熟悉兽药管理法律、法规及政策规定，具备相应兽药专业知识。

第十一条 兽药经营企业应当配备与经营兽药相适应的质量管理人员。有条件的，可以建立质量管理机构。

第十二条 兽药经营企业主管质量的负责人和质量管理机构的负责人应当具备相应兽药专业知识，且其专业学历或技术职称应当符合省、自治区、直辖市人民政府兽医行政管理部门的规定。

兽药质量管理人员应当具有兽药、兽医等相关专业中专以上学历，或者具有兽药、兽医等相关专业初级以上专业技术职称。经营兽用生物制品的，兽药质量管理人员应当具有兽药、兽医等相关专业大专以上学历，或者具有兽药、兽医等相关专业中级以上专业技术职称，并具备兽用生物制品专业知识。

兽药质量管理人员不得在本企业以外的其他单位兼职。

主管质量的负责人、质量管理机构的负责人、质量管理人员发生变更的，应当在变更后30个工作日内向发证机关备案。

第十三条 兽药经营企业从事兽药采购、保管、销售、技术服务等工作的人员，应当具有高中以上学历，并具有相应兽药、兽医等专业知识，熟悉兽药管理法律、法规及政策规定。

第十四条 兽药经营企业应当制定培训计划，定期对员工进行兽药管理法律、法规、政策规定和相关专业知识、职业道德培训、考核，并建立培训、考核档案。

第四章　规章制度

第十五条　兽药经营企业应当建立质量管理体系，制定管理制度、操作程序等质量管理文件。

质量管理文件应当包括下列内容：

（一）企业质量管理目标；

（二）企业组织机构、岗位和人员职责；

（三）对供货单位和所购兽药的质量评估制度；

（四）兽药采购、验收、入库、陈列、储存、运输、销售、出库等环节的管理制度；

（五）环境卫生的管理制度；

（六）兽药不良反应报告制度；

（七）不合格兽药和退货兽药的管理制度；

（八）质量事故、质量查询和质量投诉的管理制度；

（九）企业记录、档案和凭证的管理制度；

（十）质量管理培训、考核制度。

第十六条　兽药经营企业应当建立下列记录：

（一）人员培训、考核记录；

（二）控制温度、湿度的设施、设备的维护、保养、清洁、运行状态记录；

（三）兽药质量评估记录；

（四）兽药采购、验收、入库、储存、销售、出库等记录；

（五）兽药清查记录；

（六）兽药质量投诉、质量纠纷、质量事故、不良反应等记录；

（七）不合格兽药和退货兽药的处理记录；

（八）兽医行政管理部门的监督检查情况记录。

记录应当真实、准确、完整、清晰，不得随意涂改、伪造和变造。确需修改的，应当签名、注明日期，原数据应当清晰可辨。

第十七条 兽药经营企业应当建立兽药质量管理档案，设置档案管理室或者档案柜，并由专人负责。

质量管理档案应当包括：

（一）人员档案、培训档案、设备设施档案、供应商质量评估档案、产品质量档案；

（二）开具的处方、进货及销售凭证；

（三）购销记录及本规范规定的其他记录。

质量管理档案不得涂改，保存期限不得少于 2 年；购销等记录和凭证应当保存至产品有效期后一年。

第五章 采购与入库

第十八条 兽药经营企业应当采购合法兽药产品。兽药经营企业应当对供货单位的资质、质量保证能力、质量信誉和产品批准证明文件进行审核，并与供货单位签订采购合同。

第十九条 兽药经营企业购进兽药时，应当依照国家兽药管理规定、兽药标准和合同约定，对每批兽药的包装、标签、说明书、质量合格证等内容进行检查，符合要求的方可购进。必要时，应当对购进兽药进行检验或者委托兽药检验机构进行检验，检验报告应当与产品质量档案一起保存。

兽药经营企业应当保存采购兽药的有效凭证，建立真实、完整的采购记录，做到有效凭证、账、货相符。采购记录应当载明兽药的通用名称、商品名称、批准文号、批号、剂型、规格、有效期、生产单位、供货单位、购入数量、购入日期、经手人或者负责人等内容。

第二十条 兽药入库时，应当进行检查验收，并做好记录。

有下列情形之一的兽药，不得入库：

（一）与进货单不符的；

（二）内、外包装破损可能影响产品质量的；

（三）没有标识或者标识模糊不清的；

（四）质量异常的；

（五）其他不符合规定的。

兽用生物制品入库，应当由两人以上进行检查验收。

第六章　陈列与储存

第二十一条 陈列、储存兽药应当符合下列要求：

（一）按照品种、类别、用途以及温度、湿度等储存要求，分类、分区或者专库存放；

（二）按照兽药外包装图示标志的要求搬运和存放；

（三）与仓库地面、墙、顶等之间保持一定间距；

（四）内用兽药与外用兽药分开存放，兽用处方药与非处方药分开存放；易串味兽药、危险药品等特殊兽药与其他兽药分库存放；

（五）待验兽药、合格兽药、不合格兽药、退货兽药分区存放；

（六）同一企业的同一批号的产品集中存放。

第二十二条 不同区域、不同类型的兽药应当具有明显的识别标识。标识应当放置准确、字迹清楚。

不合格兽药以红色字体标识；待验和退货兽药以黄色字体标识；合格兽药以绿色字体标识。

第二十三条 兽药经营企业应当定期对兽药及其陈列、储存的条件和设施、设备的运行状态进行检查，并做好记录。

第二十四条 兽药经营企业应当及时清查兽医行政管理部门公布的假劣兽药，并做好记录。

第七章 销售与运输

第二十五条 兽药经营企业销售兽药，应当遵循先产先出和按批号出库的原则。兽药出库时，应当进行检查、核对，建立出库记录。兽药出库记录应当包括兽药通用名称、商品名称、批号、剂型、规格、生产厂商、数量、日期、经手人或者负责人等内容。

有下列情形之一的兽药，不得出库销售：

（一）标识模糊不清或者脱落的；

（二）外包装出现破损、封口不牢、封条严重损坏的；

（三）超出有效期限的；

（四）其他不符合规定的。

第二十六条 兽药经营企业应当建立销售记录。销售记录应当载明兽药通用名称、商品名称、批准文号、批号、有效期、剂型、规格、生产厂商、购货单位、销售数量、销售日期、经手人或者负责人等内容。

第二十七条 兽药经营企业销售兽药，应当开具有效凭证，做到有效凭证、账、货、记录相符。

第二十八条 兽药经营企业销售兽用处方药的，应当遵守兽用处方药管理规定；销售兽用中药材、中药饮片的，应当注明产地。

第二十九条 兽药拆零销售时，不得拆开最小销售单元。

第三十条 兽药经营企业应当按照兽药外包装图示标志的要

求运输兽药。有温度控制要求的兽药，在运输时应当采取必要的温度控制措施，并建立详细记录。

第八章 售后服务

第三十一条 兽药经营企业应当按照兽医行政管理部门批准的兽药标签、说明书及其他规定进行宣传，不得误导购买者。

第三十二条 兽药经营企业应当向购买者提供技术咨询服务，在经营场所明示服务公约和质量承诺，指导购买者科学、安全、合理使用兽药。

第三十三条 兽药经营企业应当注意收集兽药使用信息，发现假、劣兽药和质量可疑兽药以及严重兽药不良反应时，应当及时向所在地兽医行政管理部门报告，并根据规定做好相关工作。

第九章 附 则

第三十四条 兽药经营企业经营兽用麻醉药品、精神药品、易制毒化学药品、毒性药品、放射性药品等特殊药品，还应当遵守国家其他有关规定。

第三十五条 动物防疫机构依法从事兽药经营活动的，应当遵守本规范。

第三十六条 各省、自治区、直辖市人民政府兽医行政管理部门可以根据本规范，结合本地实际，制定实施细则，并报农业部备案。

第三十七条 本规范自 2010 年 3 月 1 日起施行。

本规范施行前已开办的兽药经营企业，应当自本规范施行之日起 24 个月内达到本规范的要求，并依法申领兽药经营许可证。

兽药质量监督抽样规定

中华人民共和国农业部令

第 6 号

《兽药质量监督抽样规定》已于 2001 年 12 月 8 日经农业部常务会议审议通过，现予发布，自发布之日起施行。

农业部部长

二〇〇一年十二月十日

第一条 为加强和规范兽药质量监督抽样工作，保证抽样工作的科学性和公正性，根据《兽药管理条例》的有关规定，制定本规定。

第二条 依照《兽药管理条例》第三十条规定设立的《兽药监药生产许可证》及《营业执照》，被抽样兽药品种的批准证明文件、质量标准、生产记录、兽药检验报告书、生产量、库存量、销售量和销售记录，以及主要原料进货证明（包括发票、合同、调拨单、检察机构，根据省级以上农牧行政主管部门制定的抽样规划或者执法监督的需要，实施兽药质量监督抽样工作。

第三条 抽样人员应熟悉兽药管理法规，具有专业技术知识，掌握抽样工作程序和抽样操作技术。

第四条 兽药监察机构抽样时，抽样人员不得少于两人，并应当主动向被抽样单位或者个人出示抽样任务书。

兽药监察机构抽样时，被抽样的单位应当予以配合；抽样人员不能出示抽样任务书的，被抽样单位有权拒绝。

第五条 被抽样单位应根据抽样工作的需要出具以下资料：

（一）兽药生产企业提供（兽验报告书）等相关资料；有进口兽药原料药及用于分装的进口兽药的，还需提供《进口兽药许可证》、口岸兽药监察所出具的检验报告或其复印件：

（二）兽药制剂室提供《兽药制剂许可证》、被抽样兽药制剂的批准证明文件、质量标准、生产记录、兽药检验报告书、批生产量、库存量和使用量，以及主要原料进货证明（包括发票、合同、调拨单、检验报告书）等相关资料；有进口兽药原料药的，还需提供《进口兽药许可证》、口岸兽药监察所出具的检验报告或其复印件；

（三）兽药经营企业提供《兽药经营许可证》及《营业执照》，被抽样兽药品种的进货凭证（包括发票、合同、调拨单）、购销记录及库存量等相关资料；有进口兽药的，还需提供《进口兽药许可证》、口岸兽药监察所出具的检验报告或其复印件。

抽样人员应当核实前款规定的各项证明资料，并负有保密义务。

第六条 兽药抽样应在被抽样单位存放兽药产品的现场进行，包括兽药生产企业成品仓库和药用原、辅料仓库；兽药经营企业的仓库或营业场所；兽医医疗机构的药房或药库；以及其他需要抽样的场所。

抽样品种由下达抽样任务的单位确定。

第七条 抽样人员应当检查兽药贮存条件是否符合要求；兽药包装是否按照规定印有或者贴有标签并附有说明书，字样是否清晰；标签或者说明书的内容是否与兽药管理部门核准的内容相符，并核实被抽样兽药品种的库存量。

第八条 对同一企业相同品种抽取的样品不超过三个批号的产品。相同批号的产品，依其库存数量，确定抽样件数，具体规定如下：

（一）原料药及大包装预混剂：

兽药包装为25公斤（含25公斤）以上的，10件以内，抽样1件；11—50件抽2件；51—100件抽3件；101件以上每增加100件增抽1件（增加不足100件按100件计）。

兽药包装为2—24公斤的，每200公斤抽样1件，不足200公斤者以200公斤计。

兽药包装为2公斤以下的，每20公斤抽样1件，不足20公斤者以20公斤计。且以原包装抽取。

（二）注射剂：

2万支（瓶）以下，抽样1件。

2—5万支（瓶），抽样2件。

5—10万支（瓶），抽样3件。

10万支（瓶）以上，每增加10万支（瓶）加抽1件，不足10万支（瓶）以10万支计。

（三）其他制剂：

每2万盒（瓶），抽样1件，不足2万盒（瓶）以2万盒（瓶）计。

第九条 抽样数量

（一）注射用针剂（粉针）50瓶（支）

（二）注射液（水针）

1. 规格：1—5毫升100支（瓶）

2. 规格：10—20 毫升 25 支（瓶）

3. 规格：50—100 毫升 6 支（瓶）

4. 规格：250—500 毫升 3 瓶

注：该抽样数量不包括澄明度检查，需做该项检查的按实际需要抽取样品。

（三）片剂

1. 片重 0.5 克、100 片/瓶（袋、盒）以上（含 100 片）2 瓶（袋、盒）

2. 片重 0.5 克以下、500 片/瓶（袋、盒）以上（含 500 片）2 瓶（袋、盒）

（四）原料药 200 克 分装成 2 瓶

（五）预混剂

250 克/袋（含 250 克以下）10 袋

250 克/袋以上 10 袋

（六）兽用生物制品

灭活苗 10 支（瓶）

弱毒苗 20 支（瓶）

第十条 抽样人员应当根据随机抽样原则进行抽样，并遵循以下操作程序：

（一）启封兽药包装前应检查所抽样品的外观情况，确定品名、批号、批准文号、数量、包装状况等项无误后，方可进行下一步骤。发现异常情况时，包括如破损、受潮、受污染、混有其他品种、批号，或者有掺假、掺劣、假冒迹象等，应当作针对性抽样。

（二）用适当方法拆开抽样单元的包装，观察内容物的情况，确定无异常情况后，方可进行下一步骤。发现异常情况，应当作针对性抽样。

（三）将被拆包的抽样单元重新包封，贴上已被抽样的标记，注明品名、批号、生产单位、抽样数量、抽样日期及场所、抽样人姓名等。对有异常情况或做针对性抽检的产品可暂时封存以候检验结果的处理。

第十一条 抽样结束后，抽样人员应当用《兽药封签》将所抽样品签封，据实填写《兽药抽样记录及凭证》。《兽药封签》和《兽药抽样记录及凭证》应当由抽样人员和被抽样单位负责人签字，并加盖抽样单位和被抽样单位公章；被抽样对象为个人的，由该个人签字。

《兽药抽样记录及凭证》一式三份，一份交被抽样单位或者个人作抽样凭证，一份封存于样品包装内随检验单位检品卡流转，一份由抽样单位保存备查。

第十二条 抽样注意事项：

（一）抽样操作应当规范、注意安全，不影响所抽样品和被拆包装药品的质量。

（二）取样工具和盛样器具应当洁净、干燥，必要时作灭菌处理。盛样容器在使用及贮存运输过程中，应能防止受潮及异物混入。

（三）原料药取样应当迅速，样品和被拆包的抽样单元应当尽快密封，防止吸潮、风化或氧化。

（四）无菌原料药应当按照无菌操作法取样。

（五）需要在真空或者氮气条件下保存的兽药，抽取样品后，应当对样品和被拆包的抽样单元加以密封。

（六）液体样品应先摇匀后再取样。含有结晶者，应在不影响品质的情况下溶化后取样。

（七）对毒性、腐蚀性或者易燃易爆药品，抽样时应当穿戴防护用具，小心搬运，样品应当标注"危险品"的标志；易燃易爆药品应远离热源，并不得震动；腐蚀性药品还应当避免接触金属制品。

（八）遇光易变质的兽药应当避光取样，置于有色玻瓶中，必要时加套黑纸。

第十三条 抽样过程中发现有下列情形之一的，应当及时报告农牧行政管理机关：

（一）国家农牧行政管理机关明文规定禁止使用的；

（二）未经批准生产、配制、经营、进口，或者须经口岸兽药监察所检验而未经检验即生产、销售的；

（三）未取得兽药批准文号或人畜共用原料药未取得兽药或药品批准文号的；

（四）用途或用法用量超出规定范围的；

（五）应标明而未标明有效期或者更改有效期、超过有效期的；

（六）未注明或者更改生产批号的；

（七）超越许可范围生产、配制，经营或进口兽药的；

（八）未经登记或者质量检验不合格仍进口、销售或者使用的。

第十四条 抽样人员应当采取措施保证样品不失效、不变质、不破损、不泄漏，并及时将抽取的样品送达承担检验任务的兽药监察所。经核查，对抽样人员送检的样品与《兽药抽样记录及凭证》所记录的内容相符、《兽药封签》完整的，兽药监察所予以签收。

第十五条 兽药监督员可以依照《兽药管理条例》和本规定，开展兽药监督抽样工作。

兽药监督员实施监督抽样时，应当向被抽查单位或者个人出示符合《兽药管理条例》规定的证件。

第十六条 进口兽药的报验程序，依照《进口兽药管理办法》的规定执行；进口兽药的抽样依照本规定执行。

第十七条 本规定自发布之日起施行。农业部发布的《进口兽药抽样规定》〔（1991）农（牧）字第 2 号 1 和《兽药监督检验抽样规定》〔（1993）农（牧）函字第 46 号〕同时废止。